ON JASE, MAIS OUI ?

MARC DENIS

ON JASE, MAIS OUI ?

Auteur : Marc Denis

ON JASE, MAIS OUI ? ©

Éditeur : MARC DENIS (2e édition, le 19 février, 2023)

DÉDICACE

Ce livre est dédié à mes parents, feu Clotaire et feu Claire Denis, qui ont toujours soutenu les choix de carrière, les plans et les rêves les plus fous de leur seule progéniture, dès le premier jour. À mes enfants Philippe, Carolyne et Paul et à leurs familles et, bien sûr, à l'amour de ma vie et à ma partenaire loyale tout au long de ce voyage rempli de rebondissements et de suspense, mon épouse Sandra.

Je t'aime Sandi, mais oui !

Cette collection d'historiettes est également dédiée à la mémoire des visages célèbres et des participants dans ces pages qui ne sont plus avec nous et sans qui ce plaisir et tous ces moments de pure folie n'auraient pu se produire. Que ce livre soit un humble témoignage et un souvenir durable au grand divertissement qu'ils nous ont tous donné. Que Dieu les bénisse.

Note ♪ :

Un pourcentage des recettes nettes de ce livre "On jase, mais oui ?" sera versé en soutien à la Résidence de soins palliatifs Teresa Dellar de Kirkland, Qc., dès lors ma façon de redonner à la cause en guise d'appréciation envers cet établissement communautaire qui nous tient à coeur et qui a un important lien familial.

La résidence offre aux patients en phase terminale un endroit où ils peuvent passer leurs derniers jours dans le confort et la dignité, dans un environnement calme et chaleureux, près de leur famille et dans leur communauté.

Cette installation vitale est une institution indépendante, communautaire et à but non lucratif, accréditée par le gouvernement du Québec. La résidence fut inaugurée en 2002 avec 9 lits. Elle s'est agrandie en 2012 à 23 lits, ce qui en fait ainsi la plus grande résidence autonome de soins palliatifs au Canada. À l'automne 2020, elle fut rebaptisée la Résidence de soins palliatifs Teresa Dellar en l'honneur de la co-créatrice, feu Teresa Dellar. L'autre co-créateur de l'établissement à l'origine fut mon beau-frère Russ.

Ma conjointe Sandi, une infirmière en soins intensifs à la retraite, a oeuvré à la résidence en tant que bénévole responsable des fournitures médicales pendant 17 ans et notre fils Paul a été actif au service de l'entretien de l'établissement pendant une demi-douzaine d'années.

Enfin, mon beau-père Norman y a vécu les derniers mois de sa vie en 2021 dans le confort et la dignité, avec les soins attentifs des équipes médicales et bénévoles bienveillantes de la résidence.

Visitez la RSPTD en ligne au residencesoinspalliatifs.ca

Crédit : TDPCR.Ca

La Résidence de soins palliatifs Teresa Dellar, à Kirkland Qc, H9H 3R4

PRÉFACE

Alors, bonjour cher ami(e), merci d'être là. On s'présente ?
OK, j'y vais en premier.

Mon nom est Marc Denis. Marc "Mais Oui" Denis, pour les
intimes. Ce sobriquet de "Mais Oui" m'a été donné lors de
mon époque à la radio de CKGM Montréal dans les années
1970 et me colle toujours après tout ce temps. Et pour
m'assurer que le public autre que francophone prononce
mon nom de famille "Denis" correctement, je me suis
souvent amusé à leur rappeler à la radio que "Denis" ne se
prononce pas "Dennis" mais plutôt, à la française, un peu
comme la jointure du corps entre la cuisse et le tibia, donc,
en anglais, ils doivent prononcer "De knee"...Marc Denis
to be pronounced...Marc "De knee" (ou si vous désirez
poursuivre le jeu de mots en français, Marc "Le genou" !)
Et voilà les choses sont au clair ! D'ailleurs, je vous reviens
sur tout ça un peu plus tard.

Je suis un animateur, un intervieweur et une voix hors
champ bilingue. J'ai aussi été un comédien à mes heures
et un producteur multimédia, maintenant retraité après
plusieurs décennies en fonction. Tout bon pigiste avisé
dans ce milieu vous confirmera que la diversification et
l'adaptabilité seront toujours essentielles pour développer
et maintenir une carrière prolongée dans ce domaine
d'activités professionnelles, aussi imprévisible que
gratifiant. Au cours de nombreuses décennies, j'ai eu
l'immense plaisir d'animer des émissions à la radio dans

tous les créneaux horaires de la journée, à Montréal,
à Toronto et à Ottawa-Hull (Gatineau). À la radio AM et
FM, en français ou en anglais et, dans certains cas, dans
les deux langues simultanément dans la même émission.
Mais Oui ! J'y reviens à ce sujet au cours de votre lecture.

Au fil des ans, j'ai aussi eu la chance d'animer des
émissions de télévision sur les réseaux de télévision
francophones et anglophones, de me retrouver à
l'animation ou à la coanimation de divers téléthons et
d'émissions spéciales à la télévision au Québec. Pendant
cet heureux parcours, j'ai réussi à décrocher un nombre
considérable de contrats pour présenter ou représenter
plusieurs produits et services sur des publicités à la radio
et à la télévision, autant sur le plan national pancanadien
que local dans diverses régions du pays. De plus, pendant
la majeure partie des années 1990, j'ai produit et narré
des douzaines d'émissions de musique pop rétro et
d'entrevues pour le compte du système de divertissement
d'audio de bord des avions d'Air Canada et de British
Airways, autant dans une langue que l'autre, tout en
priorisant les artistes eux-mêmes en conversation avec
moi là-haut à 35,000 pieds. Mes chaînes ont diverti des
millions de passagers attentifs sur les flottes nationales et
internationales de ces transporteurs aériens pendant des
années. Ces initiatives de haut niveau, en particulier,
m'ont ouvert un bon nombre de portes importantes et
m'ont permis un accès privilégié et du temps de qualité
pour des entrevues avec plus de deux cents de nos héros

musicaux au cours de ces années. Beaucoup de vos préférés (ées) qui apparaissent sur cette liste, j'en suis sûr.

Dans ce livre, vous trouverez des historiettes tout à fait vécues et des photos de mes rencontres avec plusieurs acteurs et athlètes professionnels aussi, ainsi que des anecdotes impliquant des collègues de la radio et de la télévision influents avec lesquels j'ai eu l'opportunité de collaborer. Tous les événements se déroulent dans des endroits notoires tout au long de mes déplacements aux États-Unis, dans les Caraïbes, au Royaume-Uni et à travers le Canada. Certaines situations sont autant révélatrices qu'étonnantes, d'autres sont effarantes et intenses, avec la majorité tout simplement loufoques et hilarantes.

Je suis maintenant retraité et satisfait et je m'applique en toute sérénité à profiter de la vie après une longue carrière valorisante. Ainsi, mon ami(e), j'ai pensé que le moment était venu de partager avec vous une trentaine de ces meilleurs moments rocambolesques en compagnie de célébrités ou d'autres intervenants variés. Sachez que j'ai aussi écrit ce même ensemble d'historiettes dans la langue de Shakespeare. In English, ce livre s'intitule "Mais Oui Tell You Some Stories ?", question de doubler le plaisir, quoi !

Ce qui suit n'est ni plus ni moins que le "Top 30" des historiettes d'un radioman, à la base, avec un bon nombre de photos accompagnatrices pour chaque situation et des douzaines d'autres pages garnies de prises en compagnie de vedettes et grands noms provenant de mes scrapbooks, avec maintes photos qui valent mille mots en elles-mêmes.

J'espère que vous apprécierez lire mes aventures autant que j'ai eu plaisir à les remémorer en écritures.

Alors...On Jase ? Mais Oui !

MARC DENIS

Crédit photo : Tim Snow

★ *Le "Top 30"* ★

1

À "RADIO GAGA, RADIO GOOGOO"
THETFORD MINES,
TOUT L'MONDE GAGNE !

Mes parents ont souvent aimé me rappeler que j'ai parlé très tôt. Un petit bonhomme jaseur précoce, quoi ! J'avais à peine deux ans et paraît-il que je disais non seulement quelques mots ici et là mais que je formulais déjà des phrases complètes.

Nous sommes en début d'année 1955. Mon père, un agent de prêts, est muté de ma ville natale de Hull vers Thetford Mines dans la région Chaudière-Appalaches du Québec. Il devient superviseur de la succursale locale de la société de financement et de prêts pour laquelle il travaille, pour une période de quelques mois. Nous emménageons au 52, rue d'Auteuil à Thetford.

À cette époque, j'adore m'asseoir dans la cuisine devant ma petite table en bois, entourée de trois minuscules chaises sur lesquelles sont assis mes invités, deux oursons et un gros chien en peluche. Sur mon plateau en métal qui se trouve sur ma table, il y a mes jouets préférés dont un téléphone et un microphone.

Crédit : Les Jouets Fisher Price

La radio de la cuisine est généralement réglée sur la fréquence 1230 CKLD, la station de radio de la région de Thetford Mines. Alors que ma mère vaque à ses occupations domestiques, je prends plaisir à imiter tout ce qui se passe autour de moi. Ce qui m'intéresse le plus, semble-t-il, ce sont les échanges à la radio entre les animateurs et les auditeurs et auditrices et, surtout, les concours et les quiz quotidiens. Si des gens peuvent gagner de l'argent et que la radio les rend si heureux, apparemment moi aussi je peux en faire du pareil. Conséquemment, à tous les jours, ma routine est la même. Le moment venu, je pose mon microphone en plastique sur son support devant moi sur mon plateau. Je saisis le récepteur de mon téléphone à roulette multicolore sur ma table, je compose un numéro au hasard et je carillonne fièrement depuis ma petite chaise :

"Bonjour Madame, vous savez quoi ? Vous avez gagné dix dollars ! Félicitations. Au revoir !"

Ma mère, qui est témoin de la scène, applaudit toujours avec enthousiasme. Le lendemain, comme à tous les jours, je recommence le même manège :

"Bonjour Madame, vous savez quoi ? Vous avez gagné dix dollars ! Félicitations. Au revoir !"

Quelques instants plus tard à peine, un autre appel :

"Bonjour Madame, vous savez quoi ? Vous avez gagné dix dollars ! Félicitations. Au revoir !"

Et ma mère d'applaudir de plus belle. À chaque fois, la dame chanceuse gagne ses dix dollars. Jour après jour, semaine après semaine. Puis un matin, suite à une autre séquence gagnante, ma mère toute frénétique saisit le vrai téléphone de la cuisine et appelle mon père à son bureau de Thetford.

"Chérie, tu m'appelles au bureau...il y a un problème ?" de répondre au bout du fil mon père soudainement préoccupé.

"Oui, chéri, nous sommes face à une urgence !" répond ma mère d'un air affolé.

"Oh non...Que se passe-t-il ? "

"Tu sais les cadeaux quotidiens que Marc accorde à la radio ?" dit elle.

"Oui ?..." dit mon père, plutôt perplexe.

"Eh bien, pour commencer, ce matin, Marc a donné à ses trois invités, les deux oursons et le chien en peluche, dix dollars...CHACUN !!"

"Ohhh..." de répliquer mon père, sourire dans la voix.

Ma mère de poursuivre:

"Et ce n'est pas tout ! Tu connais cette fameuse "Madame" qu'il appelle à tous les jours ? Et bien, ce matin, Marc lui a donné cent dollars...CENT DOLLARS !!! Chéri, tu ferais mieux de demander une avance à ton patron ! À ce rythme-là, notre fils va nous ruiner !"

Génial. À peine deux ans et déjà un premier "jackpot" de concédé à la radio. Tout un départ de carrière canon !

Crédit : Scrapbook Marc Denis

Le petit Marco, philanthrope, 1955

JULIAN LENNON,

1998, EZRock 97.3, Toronto

PETE BEST,

2006, Beatlefest, Toronto

ROD STEIGER ("Harry Sloan")

Tournage "THE KID"

1996, Montréal

Long métrage "THE KID",

MD l'animateur de ring

Montréal (sortie du film, 1997)

2

LE CAMELOT ET LE GARS SUR LE PERRON

Je connais le gars sur le perron depuis le milieu des années 1960, au tout début de notre relation en tant que quasi-voisins dans le quartier Elm Park, près du boulevard St-Jean à Dollard-des-Ormeaux, Qc.

Un certain après-midi de l'été 1966, je bats le pavé comme à l'habitude à l'affectation de mes livraisons quotidiennes des journaux La Presse et The Montreal Star dans mon secteur.

En rentrant chez moi direction rue Morningside et en m'approchant de l'angle des avenues Devon et Montford, j'aperçois ce garçon que j'avais déjà remarqué quelques fois en passant par là. Il est adolescent comme moi, avec peut-être un an ou deux de plus en âge, assis devant la porte d'entrée, sur les marches du perron de la deuxième maison qui fait face au sud, sur Montford. Il gratte une guitare doucement tout en chantant avec désinvolture. L'avenue Devon est l'endroit où se termine mon itinéraire de livraison de journaux et, ayant complété ma course plus tôt qu'à l'habitude cet après-midi-là, je décide de bifurquer sur Montford vers la deuxième maison et de m'arrêter pour saluer le gars sur le perron. Le guitariste s'avère être tout à fait abordable et affable pendant qu'il joue avec aisance des chansons à succès des palmarès du jour que je lui propose au hasard. Des hits des Beatles, des Kinks, des Hollies, des Animals.

Crédit : Scrapbook Marc Denis

**Marc le camelot, aux livraisons de La Presse et du
Montreal Star, devant chez moi, croissant Morningside,
à Dollard-des-Ormeaux, Qc, 1966**

Le gars sur le perron semble connaître toutes les chansons
à la mode. Il peut même jouer un impeccable "House of
the Rising Sun" des Animals note pour note, le must absolu
pour les guitaristes en herbe de l'époque. Woh. Juste là
devant mes yeux, au soleil, sur les marches de la maison
sur Montford !

Le temps venu pour moi de quitter, je réalise que je me
suis seulement présenté comme "l'un des livreurs de
journaux d'Elm Park".

"Bon, je dois y aller ! Au fait, je m'appelle Marc Denis et j'habite non loin, juste à deux rues d'ici, là bas sur Morningside".

" Hé Marc, je m'appelle Brian. Brian Greenway".

"Enchanté de te rencontrer, Brian. Merci pour ton temps et pour les chansons. Wow, je suis impressionné. Tu sais, tu devrais faire partie d'un "band" ou qu'chose du genre !"

"Oui effectivement, Marc, j'y travaille sur un tel projet en ce moment. Et ravi de t'avoir rencontré aussi. Repasse pour jaser quand tu veux."

À l'heure où j'écris ces lignes, plus de 55 ans plus tard, Brian Greenway fait toujours carrière, chantant et jouant de cette guitare mieux que jamais et sur des perrons bien plus vastes, devant un public bien plus imposant, sur des parcours journaliers qui s'étendent à travers le continent et le monde entier en tant que guitariste/harmoniciste et l'un des vocalistes de l'illustre formation rock canadienne, April Wine.

Et moi ? Je suis encore sous le choc de la perte de mes routes de journaux ! Mais enfin, j'vais m'en remettre...

Quoi qu'il en soit, je suis heureux d'affirmer que Brian et moi sommes devenus de bons amis et le sommes restés au fil des décennies à partir de ce jour et que nous sommes toujours demeurés en contact, surtout que nos carrières respectives se sont souvent croisées.

Crédit : Les disques Capitol Records/Aquarius/EMI
Disques et merchandising April Wine disponibles en ligne à AprilWine.Ca

April Wine, 1980, de gauche à droite : Steve Lang, Jerry Mercer, Myles Goodwyn, Brian Greenway, Gary Moffet.

Après tout, le format radiophonique "Music Radio" et le groupe April Wine se sont plutôt bien associés en toute compatibilité au fil des ans. Des tubes classiques comme "You Could Have Been A Lady", "Roller", "I Like To Rock", "Just Between You And Me", "Sign Of The Gypsy Queen", "Enough Is Enough", "Say Hello" et tant d'autres succès signés April Wine. Ils sont tous apparus au cours de mes émissions au fil des ans. Et plus d'une fois.

Crédit : April Wine.Ca

Brian Greenway, sur scène

Photo : Geoff Smith

Marc et Brian, 2018

Notes additionnelles ♫ : En conclusion, je me dois de manifester ma gratitude envers Brian car, grâce à ses précieux conseils lors de ces quelques après-midi d'été sur son perron il y a longtemps à Dollard-des-Ormeaux, je peux encore aujourd'hui gratter un très respectable "House of the Rising Sun" à la guitare. Et même quelques pièces des Beatles, des Kinks et des Hollies.

À quoi servent les amis, hein !

TONY ORLANDO,

1989, Las Vegas

BRIAN WILSON (Beach Boys),

1990, Montréal

L'ENVOLÉE CÉLESTE avec " ET ",

1982, Orlando

CÉLINE DION,

1998, EZRock 97.3, Toronto

3

MAIS OÙ EST "ROGER" ?

Les quatre histoires qui suivent concernent une station de radio qui a une grande influence sur moi pendant mon adolescence, lors des années 1960, à Dollard-des-Ormeaux et à Pointe-Claire, dans l'ouest de l'île de Montréal. Il s'agit de la station 1470 CFOX. C'est sur cette illustre antenne que l'expatrié britannique Roger Scott anime pendant la majeure partie des années 1967 à 1971. Rapidement, il capte mon attention, captive mon imagination et devient l'une de mes personnalités radiophoniques préférées de tous les temps. Roger Scott rentrera plus tard dans son pays et deviendra une figure de proue de la radio dans son Angleterre natale à partir du milieu des années 1970, notamment sur Capital Radio à Londres, où il divertira des millions d'auditeurs pendant des années.

Mais à la fin des années 1960, ce fascinant communicateur radiophonique à l'élocution britannique se perfectionne et fait mouche dans le marché majoritairement francophone de Montréal. Un exemple classique de l'attraction des contraires. Il a un impact majeur sur l'auditoire et est une source d'inspiration pour beaucoup, moi y compris. Alors que ma propre carrière d'animateur longue de 40 ans et plus prend son envol à la fin des années 1960, je suis Roger et ses prouesses religieusement sur CFOX pendant ses années à Montréal. Il y a ses "Roger Scott Red Rose Tea Marathons" qui permettent aux auditeurs de gagner des voyages en Grande-Bretagne, avec forfaits comprenant l'hôtel, les billets pour des événements à Londres et de l'argent de poche. Puis, il y a ses arrivées remarquées au volant de sa Mustang décapotable rouge vif pour animer des "sock hops" et des concerts de rock dans différentes salles et arénas du Grand Montréal.

Sans oublier ses braves diffusions à distance pour causes de bienfaisance en direct de la plateforme du manège "La Spirale" à 73 mètres de hauteur, campé là-haut au micro pendant une semaine, au parc d'attractions La Ronde de Terre des Hommes.

Il y a aussi sa programmation et son animation d'émissions radiophoniques novatrices sur CFOX ainsi que ses maintes conquêtes de primeurs de disques et d'exclusivités pour la station, bien avant la compétition dans le panorama radiophonique de Montréal.

N'oublions pas non plus la diffusion à distance de l'émission de radio de Roger sur CFOX au chevet d'un compatriote britannique mythique, le Beatle et pacifiste John Lennon accompagné de sa partenaire Yoko Ono, lors du Bed In For Peace de 1969 à l'Hôtel Reine Elizabeth de Montréal.

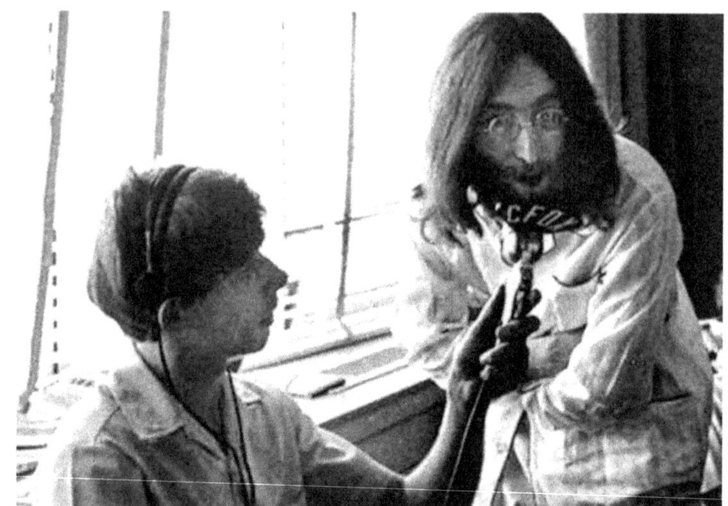

Crédit : Les fils Graham Scott & Jamie Scott @ The Roger Scott Collection

Roger Scott et John Lennon, Hôtel Reine Elizabeth, 1969, Montréal

Et puis, il y a ceci.

Nous sommes au début du mois de juillet 1967 et un flash aux bulletins d'information "CFOX 20-20 News" annonce à l'antenne :

"Un deejay de CFOX a été enlevé, Roger Scott a disparu !"

Au fur et à mesure que l'histoire surprenante se déroule, les auditeurs apprennent que Roger Scott a été "enlevé" mystérieusement et qu'il est "retenu en captivité" dans un lieu non divulgué. Cependant, pendant cette "disparition" qui durera plusieurs jours, Roger est "autorisé" à donner de nombreux indices quotidiens par téléphone à différents moments de la journée aux autres deejays qui sont en ondes à CFOX. Microphone en main, l'incontournable tasse de thé dans l'autre, une cigarette toujours à portée de la main, Roger fournit des informations succinctes et un ensemble ingénieux d'indices qui doivent être rassemblés pour mener les auditeurs vers la cachette secrète. L'intrigue se corse de jour en jour alors que les auditeurs se précipitent un peu partout dans la grande région de Montréal afin de tenter de retrouver le deejay britannique de 23 ans disparu.

Alors que la semaine tire à sa fin, les directives et la liste des indices à date pointent jusqu'à maintenant vers...les îles artificielles de l'Expo 67. Hum. Mais où..où est Roger ? Il y a des millions de visiteurs sur le site chaque semaine, des centaines, des milliers d'attractions et de pavillons. Hé, attendez ! Scott est Britannique. Hah ! Le Pavillon de la Grande-Bretagne à l'Expo doit être l'endroit tout désigné pour la "captivité" d'un Britannique. Yes ! Voilà, c'est là ! Euh...non, à bien y penser, ce serait trop évident et trop facile.

C'est maintenant le sixième jour de disparition. Les indices et les infos s'additionnent. Les recherches atteignent un point culminant et les groupes d'auditeurs de CFOX se rapprochent du but à un point tel qu'ils brûlent. Eureka !! Roger Scott est enfin localisé ! Où vous dites ? Il s'avère qu'il était "captif" mais "autorisé" d'utiliser un téléphone quotidiennement pour appeler CFOX et fournir des indices depuis l'intérieur d'une tente montée en cabine de diffusion à distance pour l'occasion. Cette dernière, sise toute discrète, est érigée hors des sentiers battus, dans un bosquet d'arbres et de buissons...tout juste à l'arrière du

Pavillon International de la Jeunesse de l'Expo ! Enfin !
Le "terrier du renard" est découvert par un groupe de
chercheurs déterminés, menés par une superfan de CFOX
prénommée Corinne. Ces auditrices et auditeurs valeureux
sont les premiers à accourir dans le bosquet et à résoudre
le mystère. Leurs acclamations bien nourries aux côtés du
célèbre rescapé résonnent en ondes sur CFOX depuis la
fameuse tente de diffusion à distance. Scott remet aux
adolescentes et adolescents, ravis de leurs efforts, une
série de prix liés à l'Expo '67 pour récompenser leur
réussite.

Crédit : Pot Mag, Ralph Lucas & Ed Pickgersgill, 1967

Roger Scott en diffusion à distance, Expo '67, Montréal

Et voilà que maintenant, à la une des bulletins d'infos
"CFOX 20-20 News", l'on peut entendre :

"Les kidnappeurs prennent la fuite alors que notre
collègue Roger Scott est retrouvé sain et sauf par une

équipe d'auditeurs tenaces. Roger était détenu dans un bosquet isolé derrière le Pavillon International de la Jeunesse à l'Expo 67 ! CFOX tient à remercier toutes les personnes impliquées dans les recherches pour leur intérêt, leur soutien et leur assistance au cours de cette semaine éprouvante.

Roger est de retour, grandement soulagé et combien reconnaissant ! Félicitations aux gagnants et gagnantes pour la mission accomplie !"

Du grand "Roger Scott".

Crédit : Capital Londres, 70s-80s @ The Roger Scott Collection

STEVIE RAY VAUGHAN,

1986, Montréal

BURTON CUMMINGS (Guess Who),

2006, Montréal

JERRY LEWIS,

1985, Las Vegas

GARY LEWIS (& les Playboys)

2000, Buffalo

4

LE FABULEUX DÉFI "FAB FORT" DE "ROGER"

Bien avant les téléphones cellulaires, les ordinateurs et l'Internet, retrouvons à nouveau l'incomparable Roger Scott. On jase...

C'est le mois de février 1967, le froid règne et tout est enneigé dans la banlieue de Pointe-Claire, dans l'ouest de l'île de Montréal, secteur qui abrite la populaire station au format Top 40 Hits contemporains, 1470 CFOX, située à l'intersection des boulevards Hymus et St-Jean.

Notre ami Roger Scott a vent que le formidable concurrent de CFOX, la station 980 CKGM Montréal, a tiré des ficelles majeures auprès de ses contacts dans l'industrie du disque et annonce en grande pompe la diffusion du retour tant attendu des Beatles sur les palmarès après plusieurs semaines d'absence, soit, le 45 tours à deux faces intitulé "Penny Lane/Strawberry Fields Forever". Fière, CKGM le claironne comme une "primeur d'exclusivité canadienne". Personne mais personne d'autre n'aura accès à une copie de ce nouveau 45 tours hot et tant attendu des "Fab Four" jusqu'au lancement collectif officiel imminent sur les ondes de la radio pancanadienne que quelques heures plus tard. Le 45 tours est décrit par CKGM comme étant un colis "envoyé directement de l'Angleterre par avion et en première classe !" et qu'il sera récupéré à l'aéroport de Dorval et acheminé vers CKGM en "limousine spéciale escortée par la police !" comme l'annonce fièrement et avec insistance l'animateur vedette de CKGM, Buddy Gee. Toute une mise en scène théâtrale ! Et enfin, il sera diffusé sur les ondes de CKGM dès son arrivée l'après-midi même, à 16 h pile, servant d'ouverture au Buddy Gee Show.

QUOI ?? Devancer et coiffer CFOX ?!? Oh que non ! Notre ami britannique Roger n'en veut rien savoir. Tout ce qui est "British" en ces temps musicaux du milieu des années 1960 dans le marché radiophonique montréalais est SON affaire à lui.

Mais que faire ? Un scénario remarquable se prépare...

Collection MD, Singles Capitol d'origine, # 5810, X 45871 - X45870
Discographie et Merchandising Beatles en ligne au site Beatles.Com

La face "Penny Lane" du 45 tours des Beatles, 1967

Collection MD, Singles Capitol d'origine, # 5810, X 45871 - X45870
Discographie et Merchandising Beatles en ligne au site Beatles.Com

Le côté "Strawberry Fields Forever" du 45 tours, 1967

La veille du grand jour de la primeur "CKGM Canadian Exclusive First", après son émission de fin de soirée sur CFOX et sur son chemin du retour à la maison peu après minuit, Scott s'adonne à syntoniser WABC 770 New York. Cette puissante station AM américaine rayonne haut et fort en fin de soirée et pendant la nuit à Montréal. Roger entend Charlie Greer, le deejay oiseau de nuit de WABC, en train de faire tourner les deux faces du nouveau 45 "Penny Lane/Strawberry Fields Forever", dont la copie a été accordée en primeur à l'iconique station américaine quelques heures auparavant. Le tout est présenté à plusieurs reprises par la suite dans la nuit comme une "WABC American Radio Beatles Premiere Exclusive"...

Hé, un instant...

Scott s'arrête à la première cabine téléphonique qu'il trouve sur son chemin, y pousse une poignée de pièces de monnaie dans la fente du boitier pour effectuer un appel interurbain à WABC. Après plusieurs essais, Roger réussit enfin à joindre Charlie Greer sur sa ligne des demandes musicales en studio. Il se présente et relate la situation et un plan à Greer. D'expliquer Scott :

"Charlie, si je descends à New-York cette nuit en auto, à partir d'ici à Montréal au Canada, me ferais-tu une copie sur bobine des deux chansons des Beatles pour ensuite déposer la copie à mon attention à la réception de WABC ce matin après ton show de nuit, avant que tu quittes la station pour la journée ?" Ce à quoi Charlie Greer répond:

"Mon vieux, si tu es assez fou pour conduire toute la nuit, faire tout ce chemin Montréal-New York aller-retour, pour une petite bobine d'enregistrement en plein milieu de l'hiver, c'est le moins que je puisse faire pour toi, mon cher ami !"

C'est ainsi que le radioman Roger Scott prend la route enneigée peu après 1 h du matin, de Montréal vers New York, pour récupérer une copie sur bobine des trophées les plus prisés de l'heure, soit, les deux nouvelles chansons des Beatles "Penny Lane" et "Strawberry Fields Forever". Il s'agit d'un voyage aller-retour de 13 h, au moins !

Après avoir réussi à se faufiler à travers le toujours lourd trafic matinal de New York, Roger arrive à WABC et, à la vitesse de l'éclair, quitte aussitôt la station avec la copie précieuse sur petite bobine identifiée "For Roger Scott" telle que promise par Charlie Greer. Sans perdre un instant, Roger navigue avec détermination au delà de Manhattan vers le US Interstate Nord pour le trajet du retour, destination Montréal. Et voilà qu'une tempête de neige soudaine et aveuglante se manifeste sur son itinéraire, à la hauteur du nord de l'État de New York, et que le système de chauffage de son véhicule se met de la partie et décide d'échouer lamentablement. Les essuie-glaces ne fonctionnent que de façon intermittente et menacent eux aussi de faire la grève à tout moment. Quelques sandwichs et d'innombrables cafés et cigarettes lors de courtes pauses aux arrêts routiers plus tard, notre deejay épuisé mais toujours résilient traverse enfin la frontière canado-américaine et se dirige de toute urgence vers sa destination finale, le stationnement de CFOX à Pointe-Claire en ce même après-midi.

À peine stationné, Roger enjambe allègrement les escaliers dans l'édifice CFOX, fait irruption dans le couloir de la station et se précipite sans tarder dans la régie principale, interrompant son collègue Dean Hagopian, stupéfait, ce dernier qui est en plein milieu de sa phrase en ondes.

Hagopian et les autres membres du personnel de la station anticipaient le retour imminent de Scott mais certes pas de façon aussi subite et dramatique.

Dean Hagopian

"DEAN !! hurle Roger. Désolé pour mon intrusion soudaine mais NOUS DEVONS METTRE CECI EN ONDES...STAT !!... IMMÉDIATEMENT !!"

Les deux deejays fébriles essayent d'ajuster aussi vite que possible le ruban de la petite bobine contenant les fameux enregistrements tant attendus des Beatles sur la grande machine à bobines de la régie, tout ce brouhaha audible en direct sur les ondes. La folle aventure aller-retour Montréal-New York de Scott portera-t-elle fruit ?

Un coup d'oeil vers l'horloge du studio leur confirme qu'il approche 15 h 59 minutes... et que le temps presse ! Étant donné que la chanson "Strawberry Fields Forever" avait été transférée à New York en second, "Strawberry Fields Forever" apparaît à la fin de la petite bobine de Roger, et par conséquent, c'est la première des deux pièces de musique en revers sur la bobine. Nos deux animateurs sont perplexes :

"Mais diable...laquelle des deux chansons est la plage A du single ?? C'est "Penny Lane", non ??...Ou est-ce "Strawberry Fields Forever" qui est le côté A ??
Bon sang...mais quelle chanson des deux est la face A du 45 tours et laquelle est la B ?!? Y'a aucune identification en ce sens sur le coffret de la bobine !! Qu'importe, qu'il en soit ainsi !! On ne peut plus tarder. ET QU'ÇA ROULE !!"

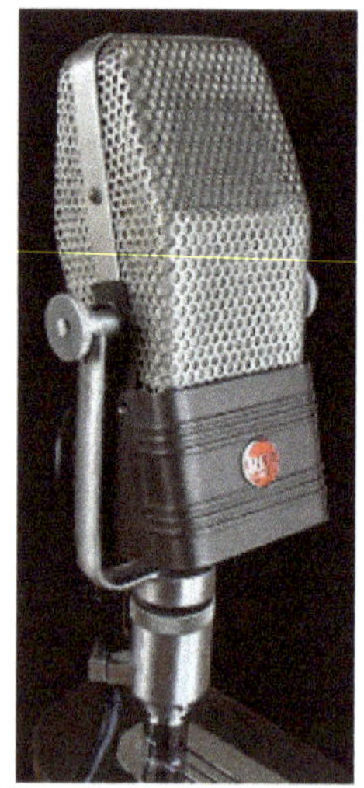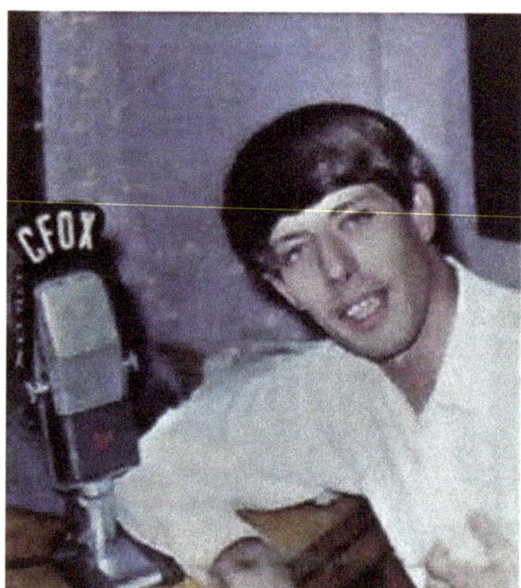

Crédit micro CFOX : Howard Schwartz . Crédit photo : MD' 1470 CFOX Mtl Radio Archive

À gauche : le RCA 44BX authentique utilisé à CFOX dans les années 1960-1970 par Roger et l'équipe, micro restoré par le collectionneur Howard Schwartz. À droite : Roger Scott à ce même micro RCA, 1967

C'est donc "Strawberry Fields Forever" qui est la première face à être diffusée alors que l'horloge atteint 16 h à CFOX, présentée triomphalement par Roger Scott, avec un Dean Hagopian enthousiaste à ses côtés.

YESSS !! C'EST EN ONDES !

Photos : Gerry Dixon

**Marc en visite chez Roger, à Capital Radio,
Londres, en septembre 1983**

Alors que "Strawberry Fields Forever" joue sur 1470 CFOX,
Scott se précipite dans le corridor vers la salle newsroom

de la station et syntonise la radio de la pièce en question à la fréquence 980 CKGM. Il entend un Buddy Gee victorieux et quelque peu fanfaron qui présente le nouveau 45 tours des Beatles "parvenu directement d'Angleterre par avion en première classe et qui vient tout juste de nous arriver de l'Aéroport de Dorval par limousine spéciale et sous escorte de la police !" Buddy y va de la plage "Penny Lane" en premier, exactement à 16 h comme le prévoit la brave démarche. Roger saute de nouveau dans le studio de régie centrale de CFOX. Alors que "Strawberry Fields Forever" se termine sur CFOX, Scott présente la piste "Penny Lane" immédiatement en enchaînement de sa bobine, toujours en roulement avec l'assistance de Dean Hagopian, pendant que les premières notes de "Strawberry Fields Forever" se font entendre quelques secondes plus tard à CKGM.

Le verdict final ? CKGM présente effectivement la nouvelle chanson des Beatles "Penny Lane" en premier à Montréal et au Canada... mais...CFOX réussit dès lors à diffuser le côté "Strawberry Fields Forever" avant CKGM et n'importe qui d'autre dans le marché radiophonique de Montréal et au pays. Grâce à l'initiative rocambolesque de Roger Scott, CFOX neutralise l'exclusivité de CKGM et parvient ainsi à marquer de gros points avec son auditoire !

On peut affirmer sans risque de se tromper que Buddy Gee et le personnel de la station CKGM, pour ne pas nommer les gens de chez Capitol Records Canada, sont dans tous leurs états et dans l'incrédulité complète suite à ce dénouement choc et à la découverte de ce stratagème autant audacieux que réussi de la part d'un compétiteur "fin renard".

Encore une fois...du grand "Roger" !

PETULA CLARK,

1989, Las Vegas

DICK CLARK,

1986, Minneapolis

GUY LAFLEUR,

2008, Montréal

DEWEY BUNNELL, GERRY BECKLEY,

(America), 1995, Montréal

5

"PAUL REVERE" DÉCLARE LA RÉVOLUTION DANS LA NEIGE...EN PLEIN MOIS D'AOÛT !

Tant qu'à être dans la région, attardons-nous encore un peu à Pointe-Claire pour un autre souvenir fou, mais oui ? On jase...

Paul Revere et les Raiders, des rockers américains très en vue, s'apprêtent à visiter Montréal pour la première fois avec un concert prévu le 18 août 1967. Ils sont les têtes d'affiche d'un super show à artistes multiples en banlieue, à l'aréna de Pointe-Claire. Ce grand spectacle est présenté par la station CFOX, elle-même située dans le même quartier, à quelques rues de l'aréna. Le groupe a connu beaucoup de succès jusqu'à présent avec les hits "Kicks", "Steppin' Out", "Hungry", "Good Thing", "Him Or Me, Who's It Gonna Be", avec encore d'autres à venir. Leurs invités spéciaux sont les chanteurs Steve Alaimo, Billy Joe Royal et Roy Head avec deux groupes de soutien locaux de la région de Montréal, soit, MG & the Escorts et les Munks.

Ce type de spectacles à vedettes multiples qui se succèdent, l'une après l'autre sur scène à l'interprétation de leurs plus grands hits à tour de rôle, est une formule commune et populaire de l'époque. Roger Scott (encore l'ami Roger, décidément il est partout !) de CFOX arrive dans sa Mustang décapotable de couleur rouge vif pour animer l'événement.

Crédit : La page FB Paul Revere & Raiders

Paul Revere et les Raiders : Jim, Phil, Mike, Mark et Paul

J'assiste aux festivités avec mes copains du coin, Pierre et Donnie. Avec tant d'artistes et de groupes à voir en succession, il n'y a jamais un moment ennuyeux, avec seulement quelques pauses pour les réalignements de scène et des divers instruments.

Juste avant que les têtes d'affiche Paul Revere & les Raiders prennent place sur la scène pour conclure la soirée, je me faufile dehors au devant de l'aréna avec Pierre et Donnie pour une pause et pour prendre un peu d'air pendant l'entracte. Soudainement, nos conversations sont interrompues et notre curiosité piquée par des hurlements et tout un tumulte non loin qui semblent provenir de l'arrière de l'édifice.

Crédit : Kicks, disques Columbia, Paul Revere & Raiders,
45 tours vinyle, # 4-43556, Collection Discogs

Kicks, hit radio majeur paru en 1966

Crédit : CFOX BEAT Magazine, automne-hiver, 1967-68

**Le MC Roger Scott avec le soliste des Raiders,
Mark Lindsay**

Oh oh. Il semble y avoir un problème. Nous accourons au
coin de l'aréna pour voir ce qui s'passe. Une surprise nous
attend. Voilà que nous apercevons plusieurs membres de

l'équipe du "road crew" de la tournée ainsi que les Raiders eux-mêmes en train de s'amuser rondement derrière l'aréna, dans la quasi-obscurité, à l'exception de quelques projecteurs au dessus des portes à l'arrière de l'édifice qui jettent leurs faisceaux sur eux. Vous avez le claviériste et le complètement débile Paul Revere et le chanteur principal, le capoté Mark Lindsay et les autres Raiders, tous vêtus de leurs uniformes de scène du temps de la Guerre coloniale et de la Révolution américaine, en plein fougueux combat de balles de neige (!) à l'extérieur des portes de garage à l'arrière de l'aréna de Pointe-Claire...en plein milieu d'une chaude soirée d'été du mois d'août !

Il semble que la surfaceuse à glace, la "Zamboni", avait laissé derrière elle une accumulation de plusieurs montagnes de neige des jours précédents de patinage public et de camps de hockey d'été près des portes de garage à l'arrière de l'aréna. Les "grands enfants" en ont profité pour se payer du bon temps et un formidable défoulement avant d'entrer sur scène pour clore l'événement. C'était la Guerre froide dans le banc de neige en plein mois d'août et certains étaient clairement vêtus pour l'occasion.

Inutile de dire que tous, fans et musiciens, ont eu leurs "KICKS" durant cette magnifique et mémorable soirée d'août, 1967 !

PAUL REVERE & les RAIDERS,

1990, Reno

ANDRÉ-PHILIPPE GAGNON,

1989, Montréal

JOHN PANOZZO, JAMES YOUNG,

(Styx), 1979, CKGM Montréal

ELTON JOHN

ELTON JOHN,

1986, Montréal

6

"LE RENARD" ET "LE ROADRUNNER" :
QUI PERD GAGNE, MALGRÉ TOUT

(Jingle radio avec fanfare d'orchestre + voix off anglo neutre): **"Ladies and Gentlemen, you're listening to the Charles P. Rodney Chandler Show !..."**

(Chanteurs sur jingle)...♪♪ *C-F-O-X ! Much More Music on Good Guys Radi-ooo* ♪♪ *!*

(Charles P. Rodney Chandler) **"Oh yes indeedy, 8 o'clock, it's Chucky, Chucky, Chucky Chandler over the Island City, 68 degrees Midtown, 66 at Dorval Airport, 66 West Island and the C-P-R-C Spree is motoring...with the Steppenwolf boys, Number 7 from the Fox Now 40, we are Born To Be Wiiiillld, honey !!!"**

Crédit : Marc Denis' 1470 CFOX Mtl Radio Archive

Charles P. Rodney Chandler

Nous voici en début de septembre 1968 et 1470 CFOX est au sommet de son art, revendiquant une partie toujours croissante de l'écoute adolescente à Montréal. La station "Top 40" au son américain gagne de plus en plus la faveur des jeunes autant francophones qu'anglophones avec, en entre autres, le personnage verbomoteur des soirées de semaine, le deejay Charles P. Rodney Chandler. Les studios et les bureaux de CFOX sont situés au second étage d'un petit bâtiment discret de deux étages sur le boulevard Hymus, un édifice blotti entre une station-service et un petit centre commercial.

Cet automne-là, je suis étudiant de première année pour les semestres de 1968-1969 au réputé Collège Bourget, le pensionnat privé bien connu situé à Rigaud à 40 kilomètres à l'ouest de CFOX à Pointe-Claire et de ma maison familiale dans Elm Park, un quartier sympa sur la frontière des deux banlieues de Dollard-des-Ormeaux et de Pointe-Claire. C'est la période de l'initiation annuelle des "nouveaux" du Collège au cours des deux premières semaines du mois de septembre et pour les étudiants débutants comme moi, il y a raison de s'inquiéter et de se faire du souci. C'est un rituel traditionnel que tout nouvel arrivant craint comme la peste. Si les nouveaux veulent avoir la chance d'être épargnés des rituels d'initiation, ces derniers doivent créer des équipes de quatre étudiants et produire une "prise" d'initiation. Les équipes du Collège qui livrent les deux meilleures prises, la prise gagnante et la prise finaliste, seront épargnées d'une initiation publique qui promet d'être à la fois salissante et humiliante. Toute équipe qui ne se qualifie pas dans le Top 2 ne sera pas à l'abri des conséquences déplaisantes. Tous les membres des équipes du Top 2 recevront des chèques-cadeaux pour le casse-croûte, la boutique de vêtements ou le magasin général du village de Rigaud. Bien sûr, le convoité Trophée d'Initiation pour 1968-1969, la gloire et les droits de vantardise iront à l'équipe dont la prise sera jugée # 1.

Je me fais rapidement des amis dans mes premiers jours à Bourget. Ma classe est remplie de tant de personnages et de visages amusants. Je me retrouve vivement au sein d'une équipe de quatre. Il y a François, un gars enjoué de petite taille, avec une forte ressemblance physique au chanteur du groupe les 4 Seasons, Frankie Valli. Dès lors, François est surnommé "Frankie". Ensuite, il y a une charmante boule d'enthousiasme nommée Suzanne qui nous provient de la Résidence Blondin pour étudiantes, tout juste en bas de la côte, à proximité de Bourget. Avec une chevelure blonde incroyablement longe jusqu'à la taille, Suzanne est une impayable copine, toujours en train de rigoler en classe ou de chanter dans les couloirs du Collège. En un rien de temps, elle est surnommée "Suzie Q" comme le titre de la chanson de Creedence Clearwater Revival du jour, "Oh Suzie Q, Baby I Love You, Suzie Q !" Et finalement, il y a Conrad. Un type du genre gentil géant. Conrad mesure au moins 1 mètre 9 et il dépasse les 100 kilos, conséquemment, on le surnomme "Le Big C" (prononcé Le Big "See"). Conrad est aussi l'aîné de notre équipe à 17 ans et il vit avec sa famille non loin, à Como (maintenant Hudson). Contrairement à la plupart de

nous les pensionnaires, Conrad est un étudiant dit
"externe" qui fait l'aller-retour quotidien en semaine de
son domicile de Como (aujourd'hui Hudson) vers Bourget,
à Rigaud. Le Big C a l'accès à une voiture, la petite Renault
Dauphine usagée de sa mère. Ce fait devient tout de suite
un avantage pour la mission de notre équipe.

Crédit Photo : Artcurial

La Renault Dauphine, dans les années 1960

Après avoir discuté et rejeté plusieurs idées, Frankie,
Suzie Q, le Big C et Marco (c'est moi) nous entendons enfin
sur notre "prise". Nous avons choisi de subtiliser la porte
d'entrée de la station de radio CFOX. Mais Oui ! C'est une
grande porte bleu foncé apposée d'un magnifique gros
logo blanc "CFOX 1470" et incluant l'effigie de la petite
mascotte de la station, le renard "Charlie Fox". La porte est
au sommet de l'escalier d'entrée à l'intérieur de la station.
Je l'ai vue fréquemment cette imposante porte car j'ai
longtemps eu l'habitude d'aller cueillir régulièrement les
plus récentes "Hit Charts" hebdomadaires de CFOX dans le
hall d'entrée, à la réception. Cette prise dans notre mire
sera-t-elle notre "porte-bonheur"?

Nous en sommes confiants. Non seulement allons-nous être en sécurité contre toute initiation avec ce catch mais mon équipe est aussi persuadée que nous pourrions même gagner et réclamer le trophée avec notre initiative.

Bon. Voici le plan.

Suzie Q réussit à dénicher et nous emprunter plusieurs couvertures de déménageurs, des sangles et des cordons élastiques d'un commerçant dans le village de Rigaud. Frankie nous obtient un grand carton de bonne épaisseur de l'infirmerie du Collège. De mon côté, je convaincs le concierge du Collège de nous prêter un coffre à outils contenant des tournevis, des clés, des gants et un marteau pour exécuter notre plan. Et le Big C ? Conrad a rempli le réservoir d'essence de la Dauphine et nous voilà tous les quatre prêts pour notre mission "porte-bonheur" à CFOX. Advienne que pourra.

C'est un mercredi avec les cours en sursis au Collège car c'est le jour réservé pour les prises d'initiation. L'heure de tombée est 17 h et la livraison des prises doit se faire sur le terrain de football, tout juste derrière les bâtiments du Collège. Nous partons après l'heure du lunch, tous les quatre entassés dans la petite Renault avec notre matériel, soit, les couvertures, les sangles, les cordons et le coffre d'outils sur nos genoux ainsi que l'épais morceau de carton plié en trois entre les sièges. Le Big C est au volant pour le voyage d'une trentaine de minutes, destination boulevard St-Jean, intersection Hymus à Pointe-Claire.

Nous sommes tous excités mais aussi combien nerveux. Suzie Q est à l'arrière en train d'entonner un retentissant "Oh Suzie Q, Baby I Love You, Suzie Q !". Frankie est à côté d'elle, perdu dans ses pensées et en observation du feuillage automnal qui commence déjà à se manifester dans le paysage le long de l'autoroute. Le Big C est silencieux, les yeux rivés sur la route. Moi, j'essaie de réitérer le plan d'action à haute voix à tout le monde.

Allons-nous être en mesure de réussir notre coup avec succès et sans accroc !!?

Crédit : Juul Geleick @ Marc Denis' 1470 CFOX Mtl Radio Archive

1470 CFOX, 2e étage, Hymus coin St-Jean, à Pointe-Claire, 1969

Nous voilà arrivés. La Renault Dauphine s'enfonce dans le stationnement vers la droite, à côté du bâtiment de CFOX. Le Big C fait un demi-tour éclair et gare notre véhicule face à la rue pour une fuite rapide.

"OK ! Prenez la boîte à outils et allons-y !" je lance.

Notre action en ce jour ressemble drôlement à une scène de cambriolage de banque tout droit sortie d'un vrai film hollywoodien. Nous pénétrons tous les quatre dans la bâtisse CFOX par l'accès de la façade qui est campé entre les portes de la Taverne Hymus et, assez ironiquement, les portes d'une succursale de la Banque de Montréal (!). Je saute dans l'étroite cage de l'escalier suivi de près par mes trois complices. Nous atteignons notre destination au deuxième étage pour nous retrouver sur le palier. Hah ! La voilà ! La seule porte là-haut, la beauté bleu marine convoitée avec les grandes lettres d'appel "CFOX" et le logo "Charlie Fox" sur le panneau extérieur, notre billet pour la victoire ! Nous sommes en heures de bureau, donc, la porte est accessible. Je l'ouvre lentement pour valider auprès de mes coéquipiers, qui me respirent tous les trois dans l'cou, qu'il y a deux grandes charnières ordinaires à l'intérieur du cadre de la porte et une charnière un peu plus compliquée à fermeture hydraulique autonome en haut de la porte, côté intérieur, qui sera à dégager.

"Ok la gang..." je chuchote. "Tout semble calme. Je vais entrer et créer une distraction à la réception, prétexter que je viens chercher une "Hit Chart" et m'informer sur les modalités d'un concours ou qu'chose du genre. Si jamais des personnes devaient sortir ou entrer pendant que vous travaillez et vous demandent ce qui se passe, rappelez-vous, dites simplement que vous faites un ajustement d'entretien de la porte. Vous n'avez pas plus que cinq minutes pour soutirer la porte et la descendre doucement et silencieusement par les escaliers jusqu'à l'auto. C'est entendu ? Ok, c'est parti, bonne chance !"

Cette porte d'entrée et de sortie CFOX se trouve là-haut, quand même discrète et près d'une extrémité de couloir, à quelques enjambées de l'aire de réception et à plusieurs pas de plus d'un autre couloir menant aux studios et aux différents départements. Les bureaux les plus proches de notre porte bleue sont à un angle, de l'autre côté du couloir mais à une assez courte distance de notre catch convoité. Heureusement, leurs portes sont fermées à ce moment-ci et nous protègent de la curiosité ou des soupçons des occupants des pièces. Avec mon équipe déjà au travail sur les charnières, je me dirige vers la réception. Il y a un type, membre du personnel sans doute, qui fait des copies de quelque chose sur un copieur à côté de la réceptionniste. Cette dernière est assise à son poste au standard téléphonique, en conclusion de conversation avec quelqu'un au bout du fil. Mon cœur bat tellement fort que j'ai l'impression que "Ringo" me joue de la batterie dans la poitrine ! Mon front et mes paumes transpirent beaucoup trop. Ouf ! J'ai peine à demeurer immobile. Je jette un coup d'oeil derrière moi, en coin, pour vérifier le progrès de mes alliés. Il semble que Frankie, Suzie Q et le Big C ont réussi à soutirer les deux charnières principales mais voilà que la porte bleue commence à pendre et à osciller de façon précaire et inquiétante. Mon équipe a du mal à libérer l'obstinée charnière hydraulique au haut de la porte. C'est à ce moment-là que les choses se gâtent. Les boulons et les écrous de la charnière à fermeture automatique cèdent sans avertissement. Mes partenaires perdent leur emprise de la porte bleue et elle se désengage brusquement, s'écrasant avec force sur le palier et sur la balustrade de l'escalier. La secousse est bruyante. Le son, infernal. La réceptionniste qui s'apprêtait à s'adresser à moi me fixe d'un regard effaré et tout en contournant son bureau, s'exclame : "MON DIEU, QU'EST-C'QUE C'EST QU'ÇA ??!". Oh non. Nonnn...Mon cœur fait maintenant des culbutes dans ma poitrine, mon estomac menace de se lancer en mode projectile. Et soudain, j'entends s'écrier dans le couloir une grosse voix tonitruante qui ne peut appartenir qu'à une seule personne :

"HÉ !!! QU'EST-CE QUI SE PASSE DONC ICI, QUE FAITES-VOUS LÀ ?!?? EXPLIQUEZ-MOI MAINTENANT OU J'APPELLE LA POLICE !!!!"

Oh que nous sommes cuits ! B-r-û-l-é-s !! C'est le célèbre radiodiffuseur et fondateur/propriétaire de CFOX, M. Gord Sinclair, qui a carrément bondi de son bureau suite au vacarme et est maintenant en pleine colère dans le couloir près de la porte bleue désengagée et de mon équipe de faux menuisiers prise sur le fait. Je me retourne et me dirige vers la scène du crime, avec la réceptionniste et une poignée d'autres employés de la station au galop derrière moi. Il est plus qu'évident que nous sommes dans de biens mauvais draps. D'autres membres du personnel de CFOX s'approchent de la scène dans le couloir lorsque Monsieur Sinclair, qui pète les plombs maintenant au delà du niveau dix sur le compteur sismique, se tourne vers moi en criant:

"ÊTES-VOUS AVEC EUX AUSSI, JEUNE HOMME ?!?"

Crédit : Thompson Studios

Gord Sinclair Jr., le fondateur et proprio de 1470 CFOX

Frankie, Suzie Q et le Big C sont immobiles, figés comme des statues de sel, soutenant la porte bleue et regardant timidement...vers moi. Il est évident que c'est "Marco" qui devra essayer de sauver la situation. Sagement, je choisis d'y aller avec la vérité :

"Monsieur Sinclair, je sais que ceci ne paraît pas bien... mais s'il vous plaît, laissez-moi vous expliquer. Nous sommes des étudiants de première année au Collège Bourget à Rigaud et dans le cadre de notre initiation, nous devons réaliser un exploit. Votre station de radio CFOX est si bien connue et si populaire ces jours-ci que nous avons pensé que si nous pouvions subtiliser votre porte bleue avec le beau logo de la station et celui de Charlie Fox dessus pendant un jour ou deux, nous aurions une prise de très haut profil qui nous sauverait d'une initiation et qui pourrait peut-être même nous permettre de gagner la compétition..."

Le silence dans le couloir est malaisant. Il se brise d'un coup dans un éclat de rires des membres du personnel présents. La tension se dissipe et même M. Sinclair, devenu plus calme, sourit lui aussi et se met même à rigoler. Après un moment de réflexion qui semble interminable, il s'exclame :

"Ok, les amis. Voici ce que je vais faire. Puisque vous avez confessé et dit la vérité, je vais vous donner une chance et embarquer dans le jeu avec vous. Je vais demander au gars de l'entretien de notre bâtisse d'installer une porte de remplacement temporaire pour le moment. Je vous laisse prendre notre porte bleue...et vous l'avez pour 24 heures. Pas une minute de plus ! Vous devez la retourner avant la fin de l'après-midi demain. Et vous feriez mieux d'être prudent dans son transport et sa manipulation parce que si vous me la retournez endommagée, alors là je serai VRAIMENT EN COLÈRE CONTRE VOUS !!"

Davantage d'éclats de rires et surtout, beaucoup de soulagement. Nous, les quatre "banditos" pardonnés et très reconnaissants, multiplions les remerciements et, sous les applaudissements enthousiastes de la galerie présente, manœuvrons soigneusement la porte bleue sur les marches de la cage de l'escalier, jusqu'au premier étage et à l'extérieur vers notre véhicule de fuite. Nous déplions et étalons le gros morceau de carton sur le toit de la Dauphine en guise d'amortissement. Frankie et Suzie Q recouvrent notre prise avec nos couvertures d'emprunt capitonnées, Big C et moi attachons l'ensemble de notre précieuse marchandise au toit à travers les quatre vitres ouvertes de l'auto à l'aide de nos cordons élastiques et de nos sangles et nous sautons dans la Dauphine pour le voyage de retour vers Rigaud. Oh. Il est presque 15 h 30. L'heure limite pour la livraison des prises est 17 h. Aucun temps à perdre...

Le visuel doit être tout un étonnant spectacle pour les automobilistes qui nous croisent ou nous dépassent sur la route. Voici donc une petite Renault Dauphine dans la voie d'extrême droite de l'autoroute 40 en direction ouest, bourrée à craquer, circulant peut-être à 65 kilomètres à l'heure gros max, soutenant sur le toit ce qui ressemble à une "Pop Tart" géante presque aussi longue et large que la petite voiture elle-même. Nous avons tous les quatre un bras qui sort de nos vitres respectives, avec chacun une main sur le toit pour stabiliser notre prise, surveiller les cordons et pour empêcher les couvertures de trop battre dans le vent. C'est de la témérité à son meilleur et pas de flics en vue ! L'ambiance est à la fête, il y a un air de victoire dans la Renault. Le Big C a une main sur le volant, l'autre à l'extérieur reposant sur la porte. Frankie, Suzie Q et moi roulons en roue libre, aisselles au vent, faisant de notre mieux aussi pour mobiliser notre imposant cargo avec nos mains.

Nous nous joignons tous en coeur à Suzanne dans une vibrante interprétation de "Oh Suzie Q, Baby I Love You, Suzie Q !". John Fogerty de CCR en serait si fier. Et voilà que nous approchons la sortie pour le pittoresque village de Rigaud et pour le Collège.

Crédit : l'Association des Anciens et Anciennes du Collège Bourget, Rigaud (Mario Faubert @ Air Photo Max)

Notre Alma Mater, le Collège Bourget et son campus, Rigaud Qc

Nous arrivons enfin sur le terrain de football à l'arrière du Collège. Il y a des dizaines d'étudiants et d'étudiantes qui fourmillent autour des diverses prises exposées mais aucune, pour autant que nous puissions en juger, ne va être une menace pour notre magnifique contribution "porte-bonheur" à l'Initiation 1968-69. Nous déballons la porte bleue et la soutenons sur la scène de fortune mise en place pour l'occasion. Nous sommes tous les quatre épuisés mais rayonnant fièrement avec des sourires qui veulent tout dire. Tout le monde se précipite vers nous, exclamant des "Ohhh !" et des "Ahhh !" dans l'incrédulité et l'admiration à la vue de notre contribution.

(Il y en a un qui s'avance): "QUOI ??? Vous plaisantez ?! Vous avez volé une porte de la station de radio CFOX ?!?! Comment avez-vous fait c'la ??? WOW, c'est tellement COOL !!"

(Puis, un autre étudiant qui dit): "Vous êtes les meilleurs à date ! Ça va être difficile de vous surpasser, la gang !!"

(Un des membres du comité ajoute) : "Et bien...c'est très impressionnant les amis...et juste en dessous de l'heure limite. Je dirais que vous avez bien fait !"

C'est alors que notre après-midi est sur le point de prendre une autre tournure inattendue. Il approche 17 h et un minibus Volkswagen s'amène à proximité du terrain de football en klaxonnant à répétition. On regarde tous dans la direction du bruyant véhicule qui se gare d'ores et déjà au pied du terrain. Le chauffeur et un passager avant débarquent, ils sont suivis de trois autres occupants qui sortent du côté du minibus. Ce sont des nouveaux du Collège. Tous sauf un. Un homme de petite taille vêtu d'un survêtement bleu, arborant une casquette rouge et des souliers de course blancs...et des menottes aux mains. C'est quoi ça...? Qu'est-ce qui se passe donc !? Hé, mais... attendez une minute...le gars menotté a l'air familier. Environ 1 mètre 75 tout au plus, avec une allure athlétique, une gueule sympathique, de longs favoris, un large sourire...non, pas vrai...ça ne peut pas être lui....!?

Alors que le groupe arrive près de la scène, le chef de l'équipe annonce à toutes les personnes présentes:

"Cher Comité d'initiation, étudiants de Bourget, nouveaux et moins nouveaux, chères étudiantes de la Résidence Blondin, nous vous livrons notre prise d'initiation...du Club de hockey les Canadiens de Montréal, notre prisonnier... le # 12, Monsieur YVAN COURNOYER !"

Tous les yeux éclatent maintenant d'incrédulité, les gens offrent de généreux applaudissements. Hein ?? Yvan Cournoyer !?! Woh ! Pas vrai !! Cette équipe a tiré une sérieuse épingle du jeu en quelque part et a "kidnappé" le célèbre ailier du Canadien, aussi connu sous le sobriquet de "Roadrunner" à cause de sa vitesse remarquable sur patins en tant qu'hockeyeur.

Au vote final, cette équipe rafle la première place et le trophée d'équipe jugée gagnante de l'Initiation du Collège Bourget 1968-1969. Nous nous classons tout près en deuxième dans le vote en tant que finalistes, avec le reste des entrées très loin derrière. Nous sommes un peu beaucoup déçus mais tellement soulagés car, en revanche, cette seconde place de notre équipe nous place dans le cercle des gagnants et nous épargne, à tous les quatre, du cauchemar de l'initiation des nouveaux et de toutes ses conséquences bouleversantes.

Mais attendez...Il y a un développement intéressant pour autant. Il semble que M. Sinclair, le proprio de CFOX à Pointe-Claire, a refilé l'histoire de notre "Door-napping" à la salle des nouvelles de sa station. En un rien d'temps, les nouvellistes en font leur affaire et rapportent notre aventure de fuite avec la porte "CFOX-Charlie Fox", en ondes dans tous leurs bulletins d'informations suite à notre visite en après-midi. Tous les deejays de CFOX s'en donnent à coeur joie eux aussi à plaisanter et à publiciser notre stratagème sur les ondes. Frankie, le Big C, Suzie Q et Marco profitent ainsi d'une glorieuse grosse quinzaine de minutes de gloire sur les ondes radiophoniques.

Inutile de dire que cette journée mouvementée demeure à tout jamais gravée dans nos souvenirs, le jour...où l'opportunité *frappait à la porte* et que, brièvement, Charlie le "Renard" collait Yvan le "Roadrunner" !

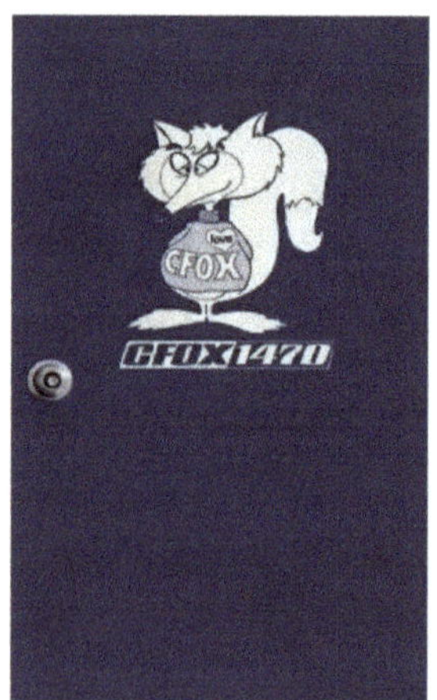

MD' 1470 CFOX Mtl Radio Archive

Crédit : SportFever.Com

Charlie le "Renard", Yvan Cournoyer le "Roadrunner"

GARY PUCKETT (Union Gap)

1989, Tampa

CARLOS SANTANA,

1992, Montréal

ALAN DOYLE (Great Big Sea),

2008, Montréal

BOBBY VINTON,

1991, Montréal

7

UN ÉPISODE ÉPIQUE DANS UN ASCENCEUR : L'ASCENSION ET LA DESCENTE D'UNE ÉTOILE

La rumeur circule dans les couloirs de l'hôpital qu'un célèbre musicien (ou célèbres musiciens ?) aurait été amené tard un soir dernièrement et admis en toute discrétion au Ross Memorial, l'aile chic de l'Hôpital Royal-Victoria, en ce mois d'août 1969. Une urgence médicale quelconque, semble-t-il. Je suis déterminé de découvrir de qui il s'agit. Hélas, le superviseur de la sécurité de l'hôpital ne veut rien savoir et refuse toute réponse à ma question persistante.

"Cesse donc de me demander, Marc ! On ne peut rien dire. Les gens en question ont réclamé une confidentialité totale et la plus grande discrétion de l'hôpital et de son personnel pendant le séjour. Même les médias et la presse ne sont pas au courant pour le moment", ajoute-t-il.

En août de cette année-là, j'en suis à mon troisième été d'un emploi récurrent en tant que préposé de relève au transport interne des patients à ce prestigieux hôpital de Montréal niché sur le Mont-Royal. La semaine même de la mystérieuse rumeur, je suis assigné aux fonctions de quart de jour en tant que liftier d'ascenseur dans l'aile Ross Mémorial de l'hôpital. Ce sont des tâches que j'aime et que j'entrevois avec grand plaisir. Mais c'est quand même exigeant ! Chaque jour, je m'apporte un sandwich, une

★ 69 ★

bouteille de V8, une banane et peut-être quelques collations dans un sac en papier brun car, en général, je ne peux manger que pendant les pauses durant les heures de circulation où les ascenseurs sont moins sollicités.

C'est un après-midi particulièrement accaparant, rempli de "hauts et de bas", au Ross en cette journée d'août 1969. L'avertisseur sonore d'appels dans l'ascenseur ne cesse de se manifester d'un son strident. Je parviens quand même à quitter mon poste pour une petite pause d'étirement ainsi qu'une collation dans le couloir pendant une séquence un peu plus calme et je profite du moment de repos pour jeter un coup d'œil dans le journal du matin pendant qu'assis sur un petit sofa à proximité. C'est là que l'avertisseur de l'ascenseur interrompt brusquement le silence. Quelqu'un au 4 ième étage qui a besoin d'un déplacement. Je me précipite donc, et sans plus tarder, je monte immédiatement jusqu'au niveau 4. J'ouvre toutes les portes cuivrées de l'ascenseur à mon arrivée pour trouver un patient silencieux devant moi, assis dans son fauteuil roulant. Il est accompagné de deux gars plutôt grands et costauds, l'un poussant le fauteuil roulant, l'autre demandant poliment "Rez-de-chaussée, s'il vous plaît". Les trois hommes sont de race noire. Et celui dans le fauteuil roulant à ce point-ci me semble drôlement familier. Il apparaît de petite taille mais de gabarit assez imposant. Un grand visage de bébé rond, une tête de cheveux courts et bouclés au style parfaitement "flat top", des bagues scintillantes aux doigts. Oh...un instant...

J'avais lu dans le journal pendant l'une de mes pauses ce matin-là qu'un artiste qui était prévu pour cinq soirées consécutives de spectacles, du 19 au 23 août, au Esquire Show Bar, l'emblématique salle rue Stanley, avait dû annuler subitement et être remplacé par le chanteur Chubby Checker (Le Roi du Twist) inséré à l'horaire comme suppléant de dernière minute. L'artiste en question avait dû déclarer forfait en raison d'une urgence médicale quelconque survenue peu de temps après son arrivée à Montréal, quelques jours auparavant. J'en tire aussitôt ma conclusion. Mais Oui ! C'est bien lui...la "rumeur" est assise juste à côté de moi !

Crédit : George Bird 1969 @ The Montreal Star Collection

L'Esquire Show Bar, 1224 rue Stanley, Montréal

"Messieurs, êtes-vous en route vers un autre département de l'hôpital, avez-vous besoin de directions peut-être ?" je demande, lorsque je referme les portes de l'ascenseur et que j'essaye de ne pas perdre mon sang-froid.

"Non, nous quittons l'hôpital. Nous avons reçu notre congé et sommes sur le chemin de la sortie. Merci d'avoir demandé", répond l'homme familier de son fauteuil roulant.

Mon ascenseur s'achemine vers le rez-de-chaussée lorsque je décide de prendre l'initiative et passer à l'action. J'ai un stylo dans la poche de ma chemise de liftier...mais pas de papier. Rien. Arghh...

Dans un moment de flash, je saisis mon petit sac à lunch en papier brun qui est par terre à côté de moi. Il contient ma bouteille de V8 à moitié pleine et une peau de banane enveloppée dans mon emballage de sandwich vide toujours à l'intérieur. Timidement, je murmure:

"Excusez-moi, Monsieur, vous ne seriez pas par hasard ? Êtes-vous.... Monsieur Doh... euh.... Monsieur Fat...?"

"Eh oui, c'est moi" intervient mon célèbre passager maintenant confirmé et, pointant vers son entourage, ajoute: "Et voici mon gérant de tournée et mon assistant".

Je m'aventure: "Je sais que vous êtes sur votre sortie et je ne voudrais pas vous retarder mais est-ce que ça vous dérangerait de signer un autographe pour moi ?"

"Mais bien sûr, avec plaisir", est la réponse immédiate.

Je retire rapidement les déchets de mon sac en papier et je remets le sac ainsi que mon stylo au monsieur pour qu'il le signe.

"C'est tout ce que j'ai avec moi, veuillez excuser les ordures", dis-je d'un air un peu gêné, avec V8 et peau de banane farcie dans l'emballage sandwich fermement serrés dans ma main.

"Oh, ne vous inquiétez pas, jeune homme, j'ai vu pire dans mon temps !" reconnaît la star dans son fauteuil roulant, aux éclats de rires de bon coeur de mes trois passagers.

Le sac en papier m'est retourné où l'on peut lire :

"Luck to Marc, Fats Domino"

Avant que je ne le sache, le légendaire chanteur-pianiste et pionnier du rock 'n roll responsable d'innombrables succès rock tels que "Ain't That A Shame", "Blue Monday", "Walking To New Orleans" et bien sûr, "I Found My Thrill On Blueberry Hill", m'envoie un au revoir de la main. À sa sortie de mon ascenseur, Fats Domino tourne le coin en fauteuil roulant, avec l'aide de ses deux collègues, et le trio emprunte le plancher à damier du hall d'entrée du Ross Mémorial pour prendre la porte principale où un taxi limousine les attend.

Source : Archives de la Ville de Montréal

Le lobby du pavillon Ross Memorial, années 1960

Je prends vraiment bien soin de ce message ainsi signé "Fats Domino" sur le sac en papier de ma rencontre fortuite, que je conserve soigneusement pressé et à l'abri dans les pages d'une encyclopédie pendant des années. Un certain temps plus tard, je transpose le précieux morceau de papier avec soin sur une photo classique en noir et blanc de M. Domino à son piano rock n'roll et je place le tout dans un cadre *. Et votre auteur qui fredonne souvent depuis ce jour :

" ♪♪..*I Found My Thrill...On Mount-Royal Hill*   ♪♪ !

* **Notes additionnelles** ♪♪: Voir les pages de photos scrapbook du livre pour retrouver l'image classique de ce grand pionnier du rock n'roll, avec l'autographe émise à votre humble serviteur. Les disques et le merchandising de l'artiste sont disponibles au FatsDominoOfficial.Com

ERIC BURDON (Animals, War),

1991, Montréal

GARY US BONDS,

1994, Québec

**BILLY JOEL, 1980, la gang de CKGM,
(Joyce, BJ, Beau, Doug, Marc), Montréal**

**DAVE STEWART (Eurythmics),
1986, Montréal**

8

"LEBEAU MARCO"

En 1972 et 1973, j'anime les soirées sur la station de radio AM CKCH 970 dans ma ville natale de Hull, une station radiophonique qui dessert l'importante population francophone de la grande région de la capitale fédérale. Notre concurrent est l'autre station de radio privée de langue française de la région, CJRC 1150, située de l'autre côté de la rivière des Outaouais, à Ottawa. CJRC est dotée de toute une puissance de diffusion, licenciée à 50,000 watts le jour, avec puissance réduite à 10,000 watts au crépuscule. D'autre part, CKCH est licenciée à 10,000 watts le jour, avec puissance réduite à 5,000 watts à la brunante. Cette disproportion me crée un désavantage quelque peu inégal dans l'émission du soir, surtout à l'automne, lorsque la lumière du jour s'estompe plus tôt et que l'obscurité s'installe déjà à environ 17 h l'après-midi. Pourtant, mes cotes d'écoute de l'émission du soir se maintiennent constamment vis-à-vis mon homologue du soir de CJRC. Mon compétiteur est Louis Lebeau qui s'avère être l'un de mes bons amis. Par conséquent, sur les ondes de la radio CJRC 1150 Ottawa-Hull, vous avez "Lebeau Show" de 18 h à 23 h confronté à l'émission "Le Marco Musical" sur CKCH 970 Hull-Ottawa, de 17 h 30 à 22 h 30.

À une époque de guerres radiophoniques sans merci entre CKCH et CJRC, socialiser entre les membres du personnel des deux stations est mal vu, pour ne pas dire un tabou.

Pourtant, Louis et moi sortons souvent avec nos petites amies de l'époque, après nos émissions respectives, pour faire la fête et la tournée des bars et des clubs tous ensemble sur la "Main" à Hull, et s'amuser rondement lors de plusieurs soirées alimentées de rires et de taquineries amicales et bien arrosées de quelques bières.

Crédit : Les Ondes Neurophiles

Louis Lebeau, CJRC
"Lebeau Show",
18:00 à 23:00

Crédit : Scrapbook Marc Denis

Marc Denis, CKCH
"Le Marco Musical",
17:30 à 22:30

1973

C'est lors de l'une de ces soirées tardives avant la période des ratings radio de l'automne 1973 que Lebeau se fait particulièrement insolent.

Pas surprenant et à prévoir après trois ou quatre bières et surtout lorsque tu es assis sur 50,000 watts par rapport à ton compétiteur qui roule à 10,000. Bien que mon show soit "hot" surtout auprès des ados et qu'il performe remarquablement bien aux résultats semestriels des cotes d'écoute BBM (Bureau of Broadcasting Measurements) dans la région de l'Outaouais, Louis prétend qu'il va me planter cette fois-ci, et avec aisance, aux résultats de l'automne 1973. Comme je ne suis pas du genre à reculer devant un défi, je saisis la balle au bond et propose un pari. Si Louis atteint le plus grand nombre d'auditeurs au cumulatif cet automne-là aux résultats BBM de décembre, je lui dois quatre grosses bières grand format Molson Ex... ou comme on les appelle communément au Québec: "Quatre Grosses Molles". Si c'est "Le Marco Musical" qui atteint le plus grand nombre d'auditeurs au "cume" lors du dévoilement des chiffres en décembre, alors c'est Lebeau qui me devra "Quatre Grosses Molles". Un pari fort simple. Nous nous mettons au travail sur les ondes tout juste après la fête du Travail de 1973.

Lorsque les résultats BBM sont publiés au début de décembre 1973, les chiffres révèlent que mon émission, "Le Marco Musical" sur CKCH, a atteint davantage d'auditeurs que "Lebeau Show" sur le concurrent CJRC.

Je surpasse Louis avec plus d'auditeurs en moyenne dans presque trois quarts d'heure sur quatre...et ce, à toutes les heures ! "Le Marco Musical" est donc victorieux sur "Lebeau Show". Et de manière décisive. Eh bien, tiens. Quelqu'un me doit "Quatre Grosses Molles" n'est-ce-pas ?

Crédit : Domaine public

Un pari de TAILLE

C'est à ce moment-ci que l'histoire ne se déroule pas tout à fait comme prévue. Après tout, faut-il rappeler que nous sommes dans le domaine imprévisible et impitoyable de la radio. Louis Lebeau se retire de CJRC avant que le Père Noël ait la chance de descendre dans la cheminée en décembre et est réaffecté à la station sœur de CJRC dans le réseau Radio Mutuel, soit dans la Vieille Capitale, à CJRP Québec. Quant à moi, je quitte CKCH au moment où décembre 1973 devient janvier 1974, en route vers Montréal pour joindre les rangs quelques semaines plus tard de la populaire station Top 40, 980 CKGM. Lebeau est originaire de la région de Québec et pour moi, Montréal est l'endroit où j'ai grandi, donc, nous tournons tous les deux des pages de carrières et nous emménageons dans nos zones de confort respectives. Par conséquent, notre pari de bière n'est jamais réglé et est rapidement oublié car Louis et moi perdons le contact avec le temps.

C'est un beau matin de novembre 2003. J'ai été recruté par l'Association canadienne des radiodiffuseurs, l'ACR, (ou the CAB : The Canadian Association of Broadcasters) en tant que modérateur d'ateliers de discussions en après-midi ainsi que pour être le maître de cérémonie désigné du Gala de clôture de la soirée, congrès qui se tient cette année-ci à Québec. Cet événement prestigieux se déroule au légendaire Théâtre et Hôtel Capitole de la Vieille Capitale. Je me déplace donc vers Québec en voiture ce matin-là et je vogue allègrement sur l'Autoroute 20 pour ce voyage d'environ trois heures. Lorsque je m'approche de la périphérie de la vieille capitale provinciale et que j'arrive dans le rayon de diffusion des stations locales, je me mets à fouiller sur ma radio d'auto pour échantillonner le son des stations de Québec. J'opte pour CFOM 102.9. Pas mal du tout, très agréable comme présentation et j'aime ce que j'entends. Puis soudain, lors d'une animation à la fin d'une chanson, je tombe sur une voix qui me semble familière. "Hé, ce gars-là sonne beaucoup comme quelqu'un que j'ai déjà connu y'a longtemps...un timbre un peu semblable à celui de...Louis Lebeau..." Et voilà que le type s'identifie en ondes comme étant..."Louis Lebeau". WOW...TRENTE ANS plus tard !

Je m'enregistre au "check-in" de l'Hôtel du Capitole et je communique aussitôt avec mes contacts de la production de l'événement de l'ACR au Théâtre. Mes interlocuteurs me confirment que j'ai une heure ou deux avant que mes services ne soient requis. Sans plus tarder, je m'installe au téléphone dans ma chambre d'hôtel et signale la station de radio CFOM. Je tombe sur une réceptionniste super sympathique. Je lui explique que je suis un vieil ami de Louis Lebeau du début de nos carrières dans l'Outaouais et que je suis de passage à Québec que pour un court séjour, seulement qu'au lendemain matin. J'aimerais tellement le saluer après tout ce temps, ne serait-ce que pour quelques minutes, au téléphone. La jeune femme trouve tout ça tellement cool et transfère rapidement mon appel directement dans le studio master de CFOM.

(Une voix répond au téléphone master CFOM) : "Lebeau !"

(Moi) : "Hé toi ! Je suis venu chercher mes Quatre Grosses Molles..."

(Louis) : "........."

(Louis) : "Qui parle ?"

(Moi) : "Laisse-faire qui parle ! Tu sais c'est qui. Arrête de niaiser. Je suis venu réclamer mes Quatre Grosses Molles..."

(Louis) : "........."

(Louis) : " .....Non, non non !!! Est-ce que...non...MARC ? Es-tu sérieux ?!? Pas vrai ! C'est Marc Denis ??"

Moi : "Mais Oui ! Tu l'as. Et je suis ici pour régler notre pari..."

(Louis se met à rire si fort qu'il s'étouffe) : "LOL !...MDR... LOL !...MDR...LOLLL !"

Moi, je ris tellement fort que des larmes de fou rire me coulent des yeux.

Louis est complètement surpris et visiblement ravi au max par mon appel téléphonique surprise. Une conversation qui se poursuit pendant plusieurs minutes durant les enchaînements musicaux, entre ses interventions en ondes. Nous rattrapons dans la joie le retard de trente ans de carrière et de vie depuis nos exploits radiophoniques du début des années 1970 ensemble, à Ottawa et à Hull. J'informe Louis que je suis en ville à l'Hôtel et Théâtre Le Capitole que seulement brièvement pour mon événement et que je dois reprendre la route pour Montréal tôt le lendemain matin car quelques obligations m'attendent là-bas. Nous nous promettons de demeurer en contact maintenant que nous nous sommes retrouvés à nouveau, avec la promesse de prendre le temps de nous asseoir un jour bientôt à Québec pour rattraper le temps un peu plus pendant un lunch autour d'une bière. Ou quatre.

Le lendemain matin, après un événement ACR-CAB très réussi, je me présente à la réception du complexe hôtelier Le Capitole pour quitter. Le commis me demande si j'ai bien apprécié mon séjour et si j'ai tout. Je réponds que la ville de Québec est toujours un plaisir, que j'ai hâte de revenir bientôt et que j'ai tous mes effets. Il dit qu'il pense que j'oublie quelque chose et il se penche et soulève de sur le plancher derrière son guichet une boîte en carton qu'il pose sur le comptoir en face de moi. Je lui dis que ce n'est pas à moi. Il insiste sur le fait que c'est bien le cas.

Il y a mon nom et mon numéro de chambre écrits dessus.
Bon. J'ouvre la boîte en carton, j'enlève les emballages de
papier journal et je trouve...quatre grosses bouteilles de
Molson Export Ale ! Elles sont accompagnées d'une note
qui se lit comme suit:

"Cher Marc,
Tu trouves ici incluses "Quatre Grosses Molles". Mieux
vaut tard que jamais. Le pari est maintenant enfin réglé !"

Amitiés, Louis Lebeau

Le commis et moi rions aux éclats. Ce dernier, qui était nul
doute complice dans tout ça, me remet une autre boîte en
carton en attente, livrée et étiquetée à mon attention...
"Hein ? Qu'est-ce que c'est que ça ?" J'ouvre les rabats et
j'enlève encore d'autres emballages de papier journal.
Au fond se trouvent...quatre "petites" bouteilles de
Molson Export ! Et il y a une note qui se lit comme suit :

"Marc,
C'est l'intérêt sur ma dette. Quatre "petites" Molson
Export. Une "p'tite Molle" par décennie due !"

xoxo, Louis Lebeau

HaHaHa ! Eh bien, que dire !? En 1973, Louis a peut-être
perdu le pari mais en 2003, il a gagné la journée !

Crédit : Domaine public, Dan Beaumont Archives

Louis Lebeau

GINETTE RENO,

2003, Québec

Middays @ EZ ROCK 97.3,

1997-2000, Toronto

CYNDI LAUPER,

1985, New York

RICHARD SÉGUIN,

2007, Montréal

9
UNE SURPRISE DÉCONCERTANTE
DANS LE BUREAU DU D.G. DE LA STATION

Cette historiette se passe à l'été de 1974. Je suis le nouvel animateur deejay sur 98 CKGM Montréal depuis quelques mois seulement.

Crédit : Les pages Hommage à CKGM Tribute Pages de MD

Marc Denis, 1974

Lors d'un bel après-midi, je fais une visite éclair à la station pour venir cueillir mon courrier et dire bonjour à tout le monde dans les bureaux et studios, au 3e étage du 1310 de l'avenue Greene. À un certain moment, je rencontre le directeur des programmes Tom McLean et le directeur musical Greg Stewart, les deux en conversation informelle juste à l'extérieur du bureau de Tom. Suite à nos salutations routinières, ils m'informent que le proprio Geoff Stirling, LE fameux Geoff Stirling, fondateur et administrateur en chef de la station, est de passage pour la journée et qu'il utilise le vaste espace de bureau du directeur général Jim Sward, adjacent au bureau de Tom, pour l'occasion. J'avais entendu toutes les rumeurs et les histoires concernant M. Stirling : intimidant, direct, bizarre, impulsif, excentrique, impétueux, d'humeur changeante et d'autres impressions assorties mais je n'avais jamais rencontré l'homme. À un moment donné dans l'échange, Tom suggère:

"Hé Marc, aimerais-tu rencontrer Monsieur Stirling ?"

Greg Stewart hoche la tête en guise d'approbation: "T'es aussi bien, Marc, il ne vient pas si souvent à Montréal. C'est ta chance".

À mon insu, le grand M. Stirling avait expressément demandé de ne pas être dérangé pendant une heure ou deux.

Hésitant, je dis : "Êtes-vous certains ?"

Ce à quoi Tom McLean répond : "Bien sûr, il n'y a pas d'problème, Marc. T'as qu'à frapper à la porte et à entrer. Il est vraiment de bonne humeur aujourd'hui et je suis persuadé qu'il aimerait te rencontrer, le nouveau gars !"

Greg est toujours en train de hocher la tête en signe d'approbation.

Je décide : "Bon, d'accord alors..."

Je m'approche lentement de la porte fermée du grand bureau et je frappe doucement plusieurs fois. Rien. Tom McLean et Greg Stewart sont toujours dans le couloir me faisant signes, m'encourageant à frapper de nouveau et à entrer tout simplement.

"Bon, allons-y de nouveau..." j'me dis.

Je frappe plus fort et j'ouvre la porte, je regarde et j'aperçois...un visuel qui sera à jamais gravé dans mon esprit : il y a là un homme barbu, portant la robe de hippie la plus étrange que je n'ai jamais vue dans ma vie, assis les jambes croisées sur un petit tapis, pieds nus, sandales à ses côtés, encens et chandelles qui brûlent dans la pièce, en pleine méditation et mode mantra. Il lève les yeux et me crie:

"QUE DIABLE FAIS-TU DONC !!!?? J'AI DEMANDÉ DE NE PAS ÊTRE DÉRANGÉ !!! TU NE VOIS PAS QUE JE SUIS OCCUPÉ ICI !!!"

Oh mon Dieu tout-puissant ! Je réussis à laisser échapper un court et penaud: "Oh euh, vraiment désolé, monsieur !" avant de fermer rapidement la porte et de me retirer dans le couloir où mes collègues humoristes Stewart et McLean sont en mode fous rires maximum à mes dépens. Le genre de fous rires larmes à l'oeil, crampés en deux.

CONS !

Crédit : In search of a new age.com

Geoff Stirling

Avançons de quelques mois de la même année. Ce sont les festivités de Noël 1974 à la station. M. Geoff Stirling est de retour en ville et à la station pour le cocktail et le party des Fêtes et je suis déterminé de faire amende honorable et à m'excuser pour mon faux pas de plus tôt dans l'année.

Les membres du personnel sont debout en petits groupes avec des consommations en mains et Monsieur Stirling se déplace d'un groupe à l'autre. Je choisis mon moment pour l'approcher. Je lui tape sur l'épaule et lorsqu'il se retourne, je dis:

"Bonjour M. Stirling, je m'appelle Marc Denis et j'aimerais m'excus..."

Il m'interrompt et me dit : "Tu es Marc Denis...tu es...le nouveau gars que nous avons en ondes à CKGM, c'est ça ?"

Je réponds : "Euh, Mais Oui...c'est moi, celui qui avait fait intrusion dans..."

Il m'interrompt à nouveau, met sa main sur mon épaule et me dit:

"Notre nouvel animateur bilingue ! Tu fais UN EXCELLENT BOULOT MON AMI. J'ADORE ÇA ! Continue tout ce bon travail !" Et il s'éloigne pour serrer d'autres mains.

Le directeur des programmes, Tom McLean, celui-là même qui m'avait embauché en début d'année, se trouve à quelques mètres de cet échange.

Il me regarde innocemment, sourire aux lèvres...

...suivi d'un clin d'oeil.

KC & SUNSHINE BAND,
1977, Montréal

LESLEY GORE,
1990, New York

BO DIDDLEY,
1994, Québec

JOHN A. HELLIWELL (Supertramp),
1983, CKOI Montréal

10

"MAIS OUI" ET "RALPHIE" : UN PILE OU FACE POUR NE PAS PERDRE LA FACE !

C'est un vendredi soir, début décembre 1975. CKGM présente le BT Express ("Do It 'Til You're Satisfied", "Express") et les Ohio Players ("Fire", "Love Rollercoaster") au Show Mart Berri, 1600 de la rue Berri, au centre-ville de Montréal. Les deux groupes sont attendus en provenance de Chicago, ville de leur plus récent arrêt de tournée. Début du show à Montréal, 20 h.

Les maîtres de cérémonie pour la soirée : mon collègue américain Ralph "Birdman" Lockwood et votre humble serviteur, Marc "Mais Oui" Denis.

Crédit: Les pages Hommage à CKGM Mtl Tribute Pages de MD

Marc Denis et Ralph Lockwood, Montréal, 1974

Ralph et moi arrivons tous les deux pour nos fonctions vers 19 h 30. La grande salle du Show Mart affiche rangées sur rangées horizontales de chaises pliantes soigneusement alignées devant la scène pour l'occasion. Les chaises et les rangées se remplissent petit à petit de fans enthousiastes. Cependant, à mon arrivée, je ne peux m'empêcher de remarquer quelque chose d'assez étrange. Pour un show qui débute dans trente minutes, il n'y a pas d'instruments de musique, ni d'amplificateurs, ni d'électro d'aucune sorte sur la scène faiblement éclairée. Rien. Juste un seul micro reposant sur un support en plein centre de la scène. À distance, Ralph et moi étudions la situation, perplexes.

Ralph: "Même pas de batterie là-haut sur la scène. Les membres de BT Express et des Ohio Players ne jouent-ils pas des instruments ?"

Marc : "Mais Oui, en autant que je sache, Ralphie. À moins qu'à notre insu, "BT" et "Ohio" soient devenus des humoristes ou un numéro de ventriloque...?"

Il n'y a personne autour de la plate-forme de la scène, à l'exception d'un type qui se présente à nous comme étant le gérant des événements du Show Mart. Ce dernier ne perd aucun temps et nous annonce de façon soudaine, à Ralph et à moi, que le show devra être annulé. QUOI ?!? En effet. Le gérant nous explique qu'il y a eu un obstacle majeur et qu'il ne semble pas que "certains problèmes" avec les deux groupes seront résolus à temps. HEIN...!? Répète nous ça encore une fois ? "Certains problèmes" qui apparaissent assez nébuleux, selon le gars du Show Mart. On parle d'une tempête de neige majeure qui ensevelit le Midwest. Quelque chose à propos des deux groupes ou de leurs "road crews" et l'équipement sonore retenus aux douanes frontalières. Rumeur de défaut de paiements par le promoteur de la tournée. Peut-être la totalité de toutes ces hypothèses. Et cette annulation a été décidée, comme, JUSTE MAINTENANT ?! SÉRIEUSEMENT !? J'ai un soudain mal de coeur, Ralph est sans mots, ce qui, dans son cas, est plutôt rare.

Il est maintenant 20 h 15. La salle est pleine, l'anticipation est dans l'air. Que fait-on maintenant !?!? Le gars de Show Mart propose de monter au micro et de faire l'annonce de l'annulation. Puis il dit, "comme vous êtes les animateurs de la station de radio, je vais vous présenter comme tels et peut-être que vous pouvez tous les deux monter après moi, expliquer la malheureuse situation, offrir des excuses et des options de remboursement au nom de CKGM".

Oh, que c'est gentil ! Avant que nous puissions placer un seul mot en réponse, le gérant du Show Mart monte et saisit déjà le microphone. La foule s'anime à tout rompre, s'attendant à ce que le spectacle commence. Ralph a une idée. Il sort une pièce de monnaie de sa poche et me dit:

Ralph: "Marc, allons-y d'un pile ou face. Pile...tu montes sur la scène t'adresser à la foule. Face...tu montes sur la scène t'adresser à la foule".

Marc: "Hah hah, mais non !...Pas question !!..."

Voilà que le type du Show Mart a annoncé la nouvelle de l'annulation du show à une foule tout à fait incrédule et soudainement silencieuse. Il ne faudra pas longtemps pour que la situation se détériore. Une nanoseconde. Les huées sont assourdissantes, des objets sont projetés sur la scène, des chaises sont renversées. Plusieurs de ces chaises pliantes commencent à voler dans les airs ici et là, de nombreux clients en colère émettent leurs frustrations. Une bagarre éclate dans la Rangée 8. Sans avertissement, une chaise plane et atterrit durement contre le mur de l'allée latérale, à une demi-douzaine de mètres d'où se tiennent vos deux animateurs consternés.

Ralph: "Ok Marc. Essayons à nouveau. Pile...J'arrive au bar du Restaurant Bar B Barn avant toi. Face...J'arrive au bar du Restaurant Bar B Barn avant toi".

Marc : "Attends-moi Ralph ! Bon sang, pourrais-tu marcher plus vite !?! Ralph ! ATTENDS-MOI !!..."

Lockwood, manteau à moitié enfilé, déjà dans la rue...

Marc : "...RALPH...!!!"

Photo : Sandra Denis. Crédit: Les pages CKGM Mtl Tribute Pages

Marc Denis et Ralph Lockwood, East York PA, 2014

MYLES GOODWYN (April Wine),

2016, Montréal

LOU CHRISTIE,

2000, Buffalo

16 MAGAZINE, NEW YORK,

Marc Denis, Deejay du mois, juin 1978

CASEY KASEM,

1985, Las Vegas

11

UNE SINGERIE HALLUCINANTE ET MÉMORABLE

L'origine de mon surnom "Mais Oui"...

On m'a souvent demandé comment cela en est venu. Bien, c'est mon collègue de CKGM, Steve Shannon, qui me colle ce surnom. C'est en 1974 pendant la première de mes sept années au microphone du populaire poste de radio Top 40 anglophone, 980 CKGM Montréal. Mon style, mon modus operandi en ondes au cours de cette période, consiste à alterner harmonieusement et sans accent, de l'anglais au français, du français à l'anglais sur plusieurs animations en ondes pendant mes émissions. Jeux de mots "franglais" et humour à l'honneur, je m'amuse tout en faisant le pont entre les deux langues officielles du Canada et les deux solitudes de Montréal, au rythme dynamique et de haute énergie du format radiophonique AM Top 40 du jour.

Shannon se met à me surnommer "Mais Oui" en ondes. À l'exception d'une période de dix-huit mois en tant que membre du super trio La "Connection" Française à centrer deux autres confrères bilingues, soit Rob Christie et Scott Carpentier, je suis à peu près la seule voix francophone de première ligne en ondes pendant de nombreuses années sur une grille horaire toujours changeante composée d'Américains et d'Anglo-Canadiens. La majorité d'entre eux sont de grands talents et de grands noms mais, pour la plupart, simplement de passage éphémère à Montréal, en route vers d'autres cieux dans leurs plans de carrières.

Moi, je suis perçu comme "le Montréalais", "le Québécois d'la place", "le gars local". Et les seuls mots de français que la plupart de ces animateurs étrangers semblent savoir sont "Bonjour !", "Merci beaucoup !", "Pamplemousse !", "Jean Béliveau !", "Chez Paré !"...et ..."Mais Oui !".

Par conséquent, lorsque Shannon commence à référer à mon personnage de "frappeur ambidextre des ondes" de par le sobriquet de "Mais Oui", les autres deejays font bientôt de même et moi aussi j'emboîte le pas. Je dois admettre un certain soulagement du fait que Steve Shannon n'ait pas choisi de me coller d'autres surnoms que celui qui m'a été donné...sinon...je serais devenu Marc "Pamplemousse" Denis ou Marc "Chez Paré" Denis !

C'est ainsi que je suis connu sur l'antenne 980 CKGM Montréal sous le nom de Marc "Mais Oui" Denis ("Denis", avec un seul "n", que les anglos se doivent de prononcer à la française, un peu comme l'articulation entre votre cuisse et votre tibia. Prononciation qui s'apparente à Marc "De knee" que je leur rappelle, comme dans... Marc "Le genou".

Ah, vous avez lu la préface du livre, je vois. Super !

Photo : Scrapbook MD

La "CONNECTION" FRANÇAISE sur les ondes de CKGM Montréal,

(Rob Christie, Marc "Mais Oui" Denis, Scott Carpentier),

Panneaux d'affiches pub pour autobus, Grand Mtl, 1976

Crédit photo: Raymond Bouchard   Les Pages CKGM Tribute Pages

À gauche : Marc "Mais Oui" Denis, radio CKGM, 1974-1980
À droite : Épinglette promotionnelle "Mais Oui"

Et en parlant de Steve Shannon, je vous conte une autre historiette, mais oui ?

On jase…

Je vous ramène à un certain soir avant la fin du quart d'ondes de Steve en plein milieu de soirée sur les ondes de CKGM. C'est en 1975. Shannon s'apprête à me relayer les ondes quelques minutes avant que je prenne la relève sur le coup de 21 h. Ça se passe autour de l'Halloween.

À son insu, je m'étais dissimulé sous la console de diffusion dans le studio de régie master où l'on tamise souvent l'éclairage pour créer une atmosphère chaleureuse.
Le studio master est de l'autre côté de la vitre de la cabine où le deejay en fonction et l'opérateur de console se font face. Steve est là, assis dans la cabine. L'opérateur de la console master ce soir-là est Danny Hughes, un type à la chevelure abondante, toujours prêt à toute espièglerie.

Je m'étais faufilé, à genoux, aux côtés de Danny qui est assis là calmement faisant face à Steve. Tout juste au moment où Shannon se prépare à livrer sa finale, je me lève très lentement de ma position agenouillée, à côté de Danny toujours assis. Je porte une tête complète "Planète des singes" authentique, intimidante, menaçante…the real thing. Voilà que le microphone s'allume et que Steve livre sa fermeture de show sur les premières notes de la pièce finale. Il lève les yeux au même moment et dirige son regard tout droit à travers la vitre de sa cabine vers un

Danny immobile, stoïque, aux côtés duquel il aperçoit...
un gorille immobile, tout aussi stoïque, côte à côte et à la
même hauteur de tête que celle de notre ami Danny dans
le pénombre du studio master. La réaction ne tarde pas.
À la vue de cette scène alarmante, Steve bascule vivement
de l'arrière et s'écrase à grands cris sur le plancher, casque
d'écoute en l'air, papiers et notes volant partout, avec
seulement la porte fermée de la cabine à quelques
centimètres derrière lui pour briser quelque peu sa chute.
Haletant et semi-hystérique, Shannon tente tant bien
qu'mal de se ressaisir dans la cabine de l'annonceur, tout
en hurlant dans le micro toujours ouvert et en direct :

"...ARRHHHH !!...IL Y A UN... IL Y A...UN ÉNORME GORILLE
DANS LE STUDIO, JE SUIS... C'EST...JE SUIS...WHOAAA...OH
MY GOD !!!...ICI STEVE SHANNON...MARC "MAIS OUI"
DENIS EST LE SUIVANT !!...OU EST-CE LE GROS SINGE LE
SUIVANT ?!!??...J'NE L'SAIS PLUS ?!!!...OH QUE BYE !!!!!!!"

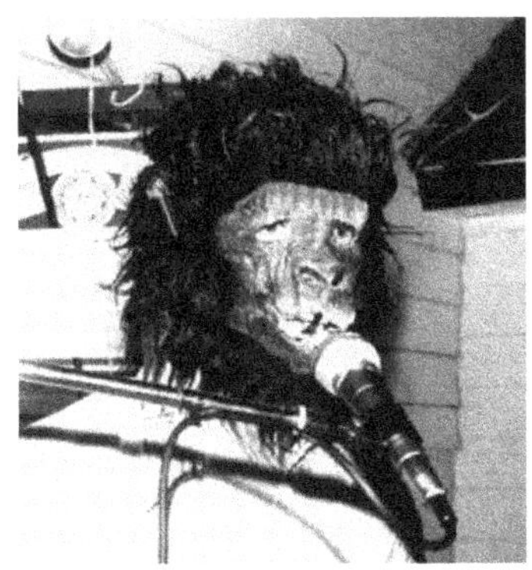

Source : Scrapbook MD, Photo Steve Shannon : The Walt Disney Co.

Là où y'a singe, se méfier de peau de banane, cher Steve !

Cette performance devient la relève d'émission et la sortie des ondes d'un animateur deejay les plus rapides de tous les temps !

Un truc d'Halloween...pur "bonbon".

Credit : Freepik.Com

CKCH, "Le Marco Musical",
1971-1973, Hull-Ottawa

JACK LEMMON,
avec Marc Denis et Richard Desmarais,
1982, CKAC Montréal

DIANE TELL,

1986, Montréal

JIM CUDDY (Blue Rodeo),

1999, EZRock 97.3, Toronto

12

"NADIA ! NADIA ! NADIA !"
DES NOTES ET DES SOUVENIRS PARFAITS

"Ça ne semble toujours pas être un bon moment pour demander", me dit Kelly. "Et il est évident que personne ne comprend ou parle l'anglais ni le français dans la délégation roumaine. Il y a des interprètes partout !"

"Mais oui...et ce grand coach bourru de la Fédération roumaine de gymnastique qui nous flashe sans cesse des "stop, pas encore" de la main tout au long de la semaine à chaque fois que nous essayons d'appeler Nadia Comaneci ou d'autres gymnastes roumains à notre table", que je dis à Kelly. "Il talonne ses équipes sans relâche, les filles en particulier, comme s'il craint qu'elles fassent défection de leur pays ou un faux bond quelconque. J'espère que notre moment viendra bientôt".

Kelly Ricard et moi sommes assis à nos sièges avantageux, avec nos microphones et nos notes à bout de bras sur la table, juste au devant de l'action qui se déroule à quelques mètres devant nous. Ce sont sans contredit les meilleurs sièges dans l'enceinte. Nous avons été choisis et accrédités par le COJO (le Comité Organisateur des Jeux Olympiques) en tant que le duo d'annonceurs bilingues homme-femme au Forum de Montréal, pour la durée des compétitions de gymnastique en ce lieu aux Jeux d'été de 1976.

Crédit : Scrapbook MD

Laissez-passer officiel d'accréditation du COJO 1976

Tout au long de la semaine, lors des pauses entre nos fonctions d'annonceurs de résultats des essais et des compétitions en cours, Kelly et moi passons de beaux moments à échanger des épinglettes souvenirs avec les différents athlètes féminins et masculins étrangers qui croisent notre chemin devant notre table de diffusion. Elle et moi avons chacun nos trois petits contenants d'épinglettes souvenirs : une boîte avec de tout petits drapeaux du Canada, une autre avec de minuscules drapeaux du Québec et dans la dernière, des drapeaux aussi petits affichant l'emblème de la Ville de Montréal. Les superviseurs des gymnastes des autres pays nous semblent être plus amicaux et coopératifs que le coach roumain. Même le représentant de l'Union soviétique sourit par moments et nous fait signe, désireux de communiquer avec nous. Nous échangeons des épinglettes notamment avec les gymnastes soviétiques Olga Korbut, Nellie Kim et Ludmilla Tourischeva. En dépit des barrières linguistiques, il y a beaucoup de hochements de tête et de bonne humeur entre les gymnastes et nous à la table. C'est fort plaisant. Du côté des hommes, nous attirons l'attention des athlètes soviétiques Vladimir Marchenko et Nicolai Andrianov et nous échangeons des épinglettes avec eux aussi, parmi tant d'autres. Nous obtenons des épinglettes japonaises à l'emblème du "soleil levant", du grand gymnaste et pionnier Mitsuo Tsukahara, un innovateur tel dans le domaine qu'il a une série de sauts qui portent son nom (les "Tsukahara"). Mais le véritable sujet de notre intérêt est la coqueluche émergente des Jeux de Montréal, la sensation roumaine de quatorze ans, Nadia Comaneci. Kelly et moi avons le privilège d'annoncer ses exploits au monde entier depuis nos positions privilégiées pendant ces jours tout à fait magiques de juillet 1976. Et à plusieurs reprises.

Cela commence par une note parfaite de 10.0 sur les barres asymétriques, le premier score parfait décerné à une gymnaste à des Jeux olympiques. Des moments surréalistes en temps réel ! Qui l'eût cru ? La foule à guichets fermés au Forum, le public témoin de par le monde entier, vos annonceurs. Nous sommes tous abasourdis. Il n'y a même pas assez de cases sur les tableaux électroniques du Forum pour refléter le score parfait ! Ça n'avait jamais été réalisé à des Jeux olympiques. Et la séquence glorieuse ne fait que débuter.

Nadia répète l'exploit six fois de plus dans le Forum lors de la semaine, pour un total de sept scores parfaits de 10.

Et la foule scande sans relâche: "Nadia ! Nadia ! Nadia !"

Crédit : Scrapbook MD

Les annonceurs maison Kelly Ricard et Marc Denis assis au sein d'une salle comble, sous l'emprise de la coqueluche des Jeux, Nadia Comaneci

On approche de la fin des compétitions de gymnastique un beau matin lors de l'une des dernières séances d'exercices, pendant les pré-compétitions. Le bourru coach roumain n'a pas l'air d'avoir changé. Nous l'avons surnommé le "Big Bougon de Bucarest".

À un certain moment, Kelly et moi parvenons à signaler de la main et à établir un contact visuel avec Nadia Comaneci qui fait quelques exercices d'étirement non loin avec ses coéquipières, à seulement trois ou quatre mètres de nous. Elle nous a évidemment remarqués plusieurs fois au cours des derniers jours lorsque nous faisions nos annonces et commentaires aux micros à proximité. Alors que Nadia se dirige vers nous, allez hop et zap, elle a sur-le-champ le "Big Bougon" à ses trousses, plus vite que vous ne pouvez dire "note parfaite de 10" ! Nous avons maintenant l'attention complète de Nadia alors que son chaperon autoritaire nous affiche le mauvais œil. Ils échangent en roumain. Je saisis l'occasion et lui dit en anglais :

"Allo Nadia, je m'appelle Marc et voici ma collègue Kelly, tes annonceurs préférés. Félicitations pour tout le succès cette semaine. Tu dois être vraiment très fière ! Dis, si ça peut aller, Kelly et moi aimerions échanger des épinglettes souvenirs avec toi, oui ?" que je propose, en mettant lentement de l'emphase sur chaque syllabe pour la compréhension et en pointant vers nos petites boîtes.

Incertaine, elle regarde "Big Bougon" qui semble lui murmurer soit une traduction, un avertissement, une permission ou la somme de tout ça en roumain. Et bien, c'est un feu vert apparemment ! La petite gymnaste se tourne vers moi et se met à me donner une réponse animée dans son roumain natal et gesticule vers son sac de sports et nous donne le signe "d'attendre un instant". La jeune merveille met la main dans son sac, en sort une

pochette et nous revient à la table. À nouveau, elle
continue à nous parler en roumain, tout en plaçant deux
épinglettes devant moi et les mêmes deux épinglettes
identiques devant Kelly. La première paire d'épinglettes
présente l'emblème du Comité national olympique
roumain en forme de triangle entremêlé des anneaux
olympiques et la deuxième paire montre le drapeau
roumain tricolore au sommet des anneaux olympiques.
Des souvenirs magnifiques, quatre superbes épinglettes.

Crédits : Scrapbook MD

Les cadeaux que nous recevons de Nadia

En retour, Kelly et moi produisons trois épinglettes chacun
à partir de nos boîtes représentant le Canada, le Québec et
Montréal et nous les alignons devant Nadia...

Crédits : Images du domaine public, Scrapbook MD

Nos cadeaux que nous offrons à Nadia

Six belles pièces. Ses yeux s'illuminent lorsqu'elle examine ses nouveaux souvenirs. Elle ramasse ses six épingles et, avec un large sourire, nous dit quelque chose à Kelly et à moi en roumain, probablement un merci ou des mots de reconnaissance. Nous faisons de même. Alors que Nadia se retourne et s'éloigne de la table vers son sac de sport avec le "Big Bougon" toujours à ses côtés, Kelly et moi l'entendons clairement lui chuchoter:

Nadia: *"Wow ! Look at these pins. Are these ever cute !"*

("Wow ! Regarde ces épinglettes. Comme elles sont donc mignonnes !")

Et "Big Bougon" de lui chuchoter en retour: *"...And you also did good deal, Nadia. They got four pins, you got six !"*

("...Et, aussi, toi tu as fait une bonne affaire, Nadia. Eux, ils ont eu quatre épingles, toi t'en as raflé six !")

Kelly et moi échangeons un regard, incrédules, bouches bées. "Est-ce qu'on vient d'entendre de...l'anglais ?"

Notre duo roumain est maintenant tout sourire, regardant en arrière vers notre table de diffusion, nous signalant reconnaissance avec les pouces vers le haut. Bon...
Il semble qu'ils comprennent et parlent l'anglais mieux qu'ils ne le laissent entendre. Ou qu'ils sont admis de laisser entendre. Quand vous provenez du sévère bloc communiste de l'Europe de l'Est des années 1970, les protocoles du jour doivent être très clairs et les règles, sans équivoque. Ne soyez pas trop amical et trop à l'aise avec vos intervenants de l'Occident, la discrétion est fortement conseillée, sinon...

Moi : "Eh bien, Kelly, disons qu'avec Nadia, les surprises ne cessent de s'accumuler cette semaine, n'est-ce pas ?!"

Kelly: "C'est vraiment qu'chose, Marc ! Tout un bluff !"

Moi : "Et si on y pense, Kelly. Six épingles pour elle, quatre pour nous. Total : 10 épinglettes. Elle a encore gagné. Un autre "10 parfait" pour Mlle Comaneci !"

Et la foule allait bientôt scander de nouveau:

"Nadia ! Nadia ! Nadia !"

Source : COJO 76, Scrapbook MD

Nadia à Montréal, 1976

Mark Volman & Howard Kaylan
(Les Turtles), 1990, New York

LE TÉLÉTHON DE LA DYSTROPHIE MUSCULAIRE,
1995. Mon dernier de 15 téléthons consécutifs. Animation :
Marc Denis, Lise Le Bel, Michel Louvain, Louise-Josée Mondoux,
Jean Gravel, James Dubois et amis/clients, Télé-Québec

THE FAME GAME Series (Host),
CBC 6, 1984, Montréal

LA GRANDE NUIT VIDÉO (Animateur),
CFTM 10 (TVA), 1984, Montréal

13

DES "RATS" FONT LA FÊTE AU SOUS-SOL

Pendant ces Jeux d'été de Montréal de 1976, il semble que le monde entier est en ville pour vivre les deux semaines de compétitions internationales intenses. Et on ne sait jamais qui l'on va rencontrer.

Je me trouve sur la toujours effervescente rue Crescent, tard un certain soir, lors d'une pause dans mes fonctions d'annonceur-maison du Forum pour les compétitions de gymnastique, assis sur un tabouret de bar au sous-sol d'un bruyant et enfumé Pub Sir Winston Churchill. Je sirote une bière en attendant l'arrivée de mes copains Mike, Zak et Louie. Je jette un regard autour de moi et, surprise, assis tout juste à mes côtés au bar se trouve...Frank Zappa.

Il est apparemment seul et en train de terminer son verre. Je fais semblant de ne pas être surpris, tout en essayant de ne pas trop le fixer. Tout à coup, il se retourne, se penche vers moi et, avec ces yeux noirs comme du charbon, cette crinière familière de longs cheveux foncés et bouclés, cette fameuse moustache en forme de guidon et une épaisse barbiche niveau menton qui ne peut appartenir qu'à une personne, me demande au-dessus du tintamarre:

Zappa: "Aurais-tu du feu par hasard, man ?"

Moi : "Mais Oui, bien sûr".

J'étends mon briquet Bic vers lui et j'allume sa cigarette. Il me remercie avec reconnaissance, se lève et se fraye un chemin à travers les clients, la fumée et la musique bruyante. Quelques têtes se tournent en surprise lorsque Frank disparaît discrètement dans les ombres du sous-sol.

Mes amis arrivent en bas au pub plusieurs longues minutes plus tard. Je tourne sur mon tabouret et lève le bras pour leur signaler où je suis. Ils se frayent un chemin à travers les clients, la fumée et la musique bruyante.

Moi: "Hé, les gars, finalement, pas une minute trop tôt ! Ça fait une éternité que je vous attends !"

Zak: "Ouais, y'avait une file d'attente interminable à la porte..."

Moi: "Au fait, devinez qui était assis ici juste à côté de moi tantôt avant votre arrivée..."

Louie: "Qui ?"

Moi: "Frank Zappa...".

Mike: "Hein ?! Frank Zappa, tu dis ? Hah, ouais, as-tu paniqué et fait un *"Freak Out"* ?"

Zak: ..."Eh bien, Marc, si c'est l'cas, moi je suis..."*Willie The Pimp !"* Haha !"

Louie: "Hé-hé ! Et moi je suis le fils..."*The Son of Mister Green Genes"* !"

Moi: ..."Bande de crétins. Frank Zappa était bel et bien assis ici, sur ce tabouret à côté de moi. Si vous ne me croyez pas, tiens, demandez à notre barman là derrière le comptoir..."

Barman: "Tout à fait, les gars. C'était bien Frank. Il est venu en bas ici à quelques reprises cette semaine. Il est en ville en visite de l'une de ses destinations préférées, rencontrer des amis et assister aux Jeux olympiques. Il adore la ville de Montréal. Et les gens sont cool avec lui, en tout respect de son espace et de sa vie privée..."

Mike, Zak, Louie, ensemble: "Wow..."

Moi: "Vous voyez, j'vous l'avais bien dit !"

Moi, au barman: "Mon ami, tu nous sers quatre Brador froides ici et tu mets toutes les rondes de ce soir sur leur addition. C'est le prix que ces trois "*Hots Rats*" comiques devront payer pour leur incrédulité...et leur retard !"

Zak, à moi : "Eh bien, c'est qui le crétin alors, Marc ?! Ouais, merci pour ça !!"

Moi : "Haha..."*Zappa*" d'quoi les boys !"

(Rires collectifs)

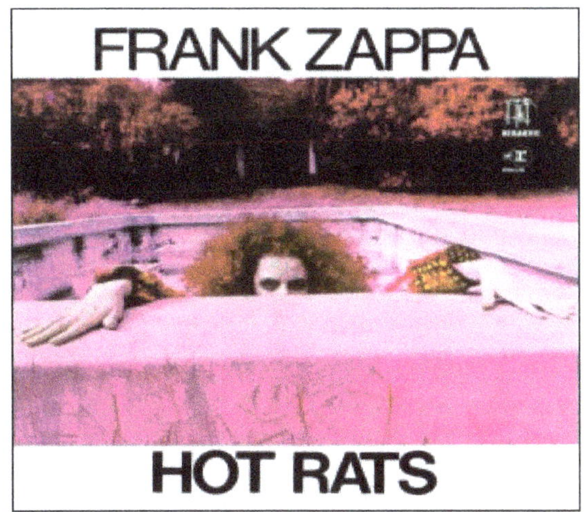

Crédit photo : Wallha.Com, les tapisseries et papiers peints Wallha

Frank Zappa

L'album "Hot Rats" de Zappa, 1969, sur étiquette Bizarre/Reprise Records.
Compilations de disques anniversaires Frank Zappa disponibles à Zappa.Com

GORDON JUMP ("M. Carlson", WKRP),

1989, Las Vegas

TOMMY JAMES (& les Shondells),

1991, New York

KENNY LOGGINS,

1992, Santa Barbara

HUEY LEWIS (& the News),

1986, Montréal

14

"DOUG RISEBROUGH", JOUEUR DE CENTRE ET JOUEUR DE TOURS. UN CANADIEN S'AMUSE !

Les Canadiens de Montréal s'apprêtent à croiser le fer contre les Bruins de Boston dans le premier match de la finale de la Coupe Stanley de 1976-1977, au Forum, le 7 mai 1977.

Je suis copain avec plusieurs des joueurs de l'équipe à l'époque, en particulier avec le # 8, Doug Risebrough. Il est le joueur de centre au sein du trio qu'on a surnommé la "Kid Line" des Canadiens dans les années 1970, entre les ailiers Yvon Lambert et Mario Tremblay. Sur la glace, tous les trois sont fougueux et une source de préoccupation constante pour les clubs adverses et Doug, en particulier, est un perturbateur de tous les moments sur la glace, affectionnant le jeu robuste et toujours prêt à laisser tomber les gants. D'ailleurs, il amasse 132 minutes de pénalité à sa fiche au cours de cette saison 1976-77, de loin le total le plus élevé de l'équipe. Cependant, le # 8 prouve sa valeur à l'équipe avec plus que sa combativité, contribuant une très respectable production de 22 buts et 38 aides en saison régulière, pour un total de 60 points cette année-là. En dehors de la glace, lui et moi devenons de bons amis suite à une introduction l'un à l'autre par une connaissance mutuelle du Forum un jour lors d'une réception médiatique. Doug me rend visite à la station de radio CKGM pendant mon émission à l'occasion et moi j'assiste à des matchs des Canadiens à domicile au Forum grâce à la générosité de ses billets personnels. Nous nous donnons rendez-vous de temps en temps après les matchs ou après mon émission de radio pour quelques bières et du plaisir en ville.

Crédit : NHLAuctions.Com

 # 8 Doug Risebrough

Voilà que Doug a mis une paire de ses billets de côté pour moi pour assister au premier duel au Forum et nous faisons des plans pour nous rencontrer à notre bar de prédilection, le Pub Sir Winston Churchill, après ce premier match de la finale contre Boston, samedi le 7 mai. Ma fiancée Sandra, une infirmière de profession, travaille le quart de soirée à l'Hôpital général de Lachine ce soir-là, je décide donc d'assister au match au Forum en solo. Risebrough marque le premier but de la partie moins de deux minutes après le début du match et ses coéquipiers Lambert et Tremblay fournissent chacun deux buts dans une déroute de 7-3 du Tricolore contre les Bruins. La "Kid Line" est en feu ! La foule rentre à la maison comblée et confiante, c'est une première victoire en banque.

L'ambiance est festive en ville et les bars sont pleins, y compris chez "Winnies" comme est communément appelé le Sir Winston Churchill Pub de la rue Crescent. Doug arrive au pub environ une demi-heure après moi, en compagnie de ses coéquipiers Doug Jarvis et Bill Nyrop. Ils sont reconnus d'emblée par les clients et, de nombreuses poignées de main et accolades de félicitations plus tard, les gars font leur chemin vers l'extrémité du bar pour me rejoindre là où je suis stationné sur mon tabouret dans un coin plus discret du pub. Je fais signe au barman pour trois bières pour eux et une autre bière en fût pour moi-même.

Doug Jarvis prend place sur le tabouret à ma gauche, tandis que Bill Nyrop choisit de se tenir debout entre nous deux pour discuter. Risebrough prend place sur le tabouret vacant à ma droite. Nous échangeons tous des blagues et des plaisanteries, en sirotant nos bières. À un certain moment, je suis en discussion avec Jarvis et Nyrop quand je reçois une tape sur mon épaule droite. Je me retourne.

C'est Risebrough. Il se lèche rapidement deux doigts et enduit les lentilles de mes lunettes en plein visage avec ses deux doigts !

"AIE ! Qu'est-ce que c'est ça, Riser!", je m'exclame.

Risebrough ricane. Ouais. Je nettoie mes lunettes, je lui donne le look "T'es un p'tit comique, toi !", je prends une autre gorgée de ma bière et je me retourne à ma gauche pour reprendre la conversation avec Jarvis et Nyrop.

Moins d'une minute plus tard, je reçois une autre tape sur mon épaule droite. Craignant une autre tentative de barbouiller mes lunettes, je me penche un peu en arrière et me retourne lentement pour voir Risebrough, immobile, me fixant toujours, muet, esquissant un grand sourire espiègle.

"Quoi!...QUOI ?" je lui demande. Pas de réponse. Il est toujours tout sourire.

"Bon sang, Doug, peux-tu s'il te plaît cesser de me taper sur l'épaule, tu m'énerves !"

Je pivote vers ma gauche et je reprends ma conversation avec Billy et Jarvy. C'est à peine trente secondes plus tard que je reçois une autre tape sur mon épaule droite. Ah...mais c'est quoi maintenant !?

"Veux-tu arrêter de me taper sur l'épaule, s'il te plaît !!", dis-je, en me retournant, avec appréhension. C'est à nouveau Risebrough, immobile, me fixant, muet, toujours avec un grand sourire. Mais cette fois-ci, je remarque que quatre de ses dents supérieures sont manquantes.

"Dougie, wow, est-ce que tu viens de perdre un combat ? Tes dents du haut ont disparu, t'as l'air affreux mon pote."

À ce moment-ci, Jarvis, Nyrop, quelques clients autour, le barman et Risebrough s'éclatent de rire tous à l'unisson.

"Que diable...qu'est-ce qu'il y a ?!" Je tends la main pour prendre mon verre de bière devant moi sur le bar. Han ? Il semble y avoir un objet étranger au fond de celui-ci. Je regarde Risebrough, immobile, me souriant et toujours muet, ses quatre dents supérieures absentes. Je fais un calcul rapide. Quatre. La même somme qu'au fond de mon verre de bière !

"T'as mis ton partiel dans ma bière pendant que je ne regardais pas ??! QUOI !! Ce sont quatre de tes "chiclets" qui nagent au fond de ma bière ??? T'ES PAS UN PEU CINGLÉ, NON !?!...DÉGUEULASSE !!"

(Rires collectifs)

Je venais tout juste d'être victime du gag classique "Perles rares dans ton drink" si courant dans le milieu des athlètes professionnels. Et Doug Risebrough avait réussi le coup de façon magistrale. Cédant à l'absurdité du moment, impuissant, je secoue la tête et je ris de bon cœur avec le reste de ma collection de clowns assemblés autour du bar, qui ont manifestement du grand plaisir à mes dépens.

Alors que Doug récupère ses "chiclets" noyées de ma bière, le barman complice me lance, l'air taquin :

"Alors, Marc, est-ce que j'peux t'servir une autre bière ?..."

(Rires collectifs)

et votre scribe de répliquer : "Penses-tu, Einstein ??..."

(Davantage de rires collectifs)

Les Canadiens décrochent trois autres victoires consécutives à peine une semaine plus tard ce mois de mai-là, pour ainsi balayer les Bruins quatre matchs à zéro et remporter la finale et une autre Coupe Stanley dans cette décennie très productive pour le club.

Trois mois plus tard, le 27 août 1977, Sandra et moi unissons notre destinée. Un jovial (et toujours souriant !) Doug Risebrough assiste à notre mariage et à la réception par la suite. Et je peux confirmer qu'aucune "chiclet" ne s'est retrouvée au fond de mon verre ce jour-là.

Parce que j'ai vérifié.

Souvent.

Crédit : Steve Jermyn

**L'un de nos invités Jean-Guy Faubert, moi le marié,
un Doug Risebrough toujours souriant, la mariée Sandra,**

Le 27 août 1977, Beaconsfield Qc.

Chroniqueur "Gadgets/Nouveautés/Conseils pratiques"
à **SAMEDI MAGAZINE**
avec Yves Bergeron et Marie-Josée Taillefer,
CFTM 10 (TVA), 1987-88-89, Montréal

DUKE FAKIR (Four Tops),
1989, Essex Junction VT

CANADIAN TIRE,
Pub de promotions
1985, Montréal

En coanimation avec

JIM McKENNA ("Like Young"), CJFM 96,
1981, Montréal

PAUL ANKA,

1991, Montréal

LA FIÈVRE DU SAMEDI SOIR,

1982, 1983,

CKAC Montréal

LITTLE ANTHONY & les IMPERIALS,

1994, Québec

MARTINE ST-CLAIR,

1986, Montréal

ALLAN NICHOLLS,

(JB & the Playboys, les Jaybees,

Carnival Connection, Mashmakhan),

(Hair, Slapshot, Nashville, Popeye),

2019, Montréal

FELIX CAVALIERE (Rascals),

1992, Nashville

Q92 (CFQR), 6-8pm,

2007, 2008, Montréal

AUDIO DE BORD **AIR CANADA** IN-FLIGHT AUDIO,

Host, MARC DENIS, animateur,

"COFFEE, TEA or...POP ! © / AÉROPOP !" ®

"RÉTROPOP" ©, "POPTASTIC !" ®

1989-2001

15

"MARC IN THE DARK"...OU...UNE SOIRÉE DE NOIRCEUR ET DE CORDE RAIDE !

Une autre historiette, mais oui ?

On jase....

Nous sommes à l'automne 1979. À la station CKGM, les départements de la programmation et des promotions de la fréquence ainsi que votre humble serviteur avons mis sur pieds un concours pour mon émission qui vise à couronner "l'École secondaire la plus populaire de Montréal" (Montréal's Most Popular High School).

La réponse est immédiate et le concours roule à merveille. Après une semaine ou deux de pétitions signées et livrées, de concurrences acharnées et de branle-bas intenses en ondes, l'École secondaire Bialik High School finit par gagner la compétition et doit choisir par la suite sa classe la plus populaire avec son propre concours à l'interne. La classe gagnante se fait offrir un souper collectif au poulet et côtes levées au restaurant du centre-ville, le Bar B Barn, et Bialik High, dans son ensemble, gagne un party dansant, animé par moi-même dans la splendide salle de bal de l'Hôtel Windsor de Montréal. Harry Kloda des Productions Kloda fournira les mix musicaux aux tables tournantes.

Et nous avons un plan pour faire sensation !

Trois des membres du personnel de CKGM, soit David Wolfe, Doug Price et Danny Hughes, me déguisent pour la circonstance dans l'une des chambres de l'Hôtel Windsor en super-héros, dans un costume noir avec une longue cape foncée et des gants noirs et me maquillent pour compléter le look choc.

Le stratagème est le suivant. Je dois glisser de la bordure de la balustrade, située sur la galerie supérieure à environ quatre mètres et demi plus haut, jusqu'en bas sur la piste de danse de la salle de bal. Ma descente se réalise en me laissant glisser le long d'une épaisse corde fixée aux balustrades de cuivre là-haut. En parfaite exécution, ma glissade à deux mains de par la corde me voit atterrir dans le rayon d'un projecteur de lumière qui m'englobe sur la piste de danse qui, elle, est dans la noirceur totale.

Cet exploit spectaculaire est à réaliser au son de l'un des grands succès du jour, la tonitruante chanson "Raise A Little Hell" du groupe rock canadien "Trooper", pour lancer la danse et partir le bal. Notre manœuvre fonctionne plutôt bien lorsque David, Doug, Danny, Harry et moi y allons de quelques répétitions rapides dans l'après-midi, avant l'heure du "showtime".

Photos : Danny Hughes

**Marc "Mais Oui" Denis déguisé en super-héros afin de brasser
et d'éblouir l'école gagnante dans la salle de bal du Windsor**

Il est maintenant 20 h. Le grand moment est là. La salle de bal est déjà en effervescence avec plein d'étudiants et étudiantes de Bialik qui s'échauffent sur la piste de danse au son des mix de musique, une gracieuseté de notre ami Harry Kloda.

Photos : Danny Hughes

**La piste de danse de la salle de bal de l'Hôtel Windsor,
prise de vue de la galerie supérieure**

Soudain, tout comme prévu, l'éclairage de la salle est en
mode gradation et s'éteint rapidement, le mix musical
s'estompe et le projecteur spot s'allume à l'endroit précis
où le mur rencontre le plancher du côté droit de la salle de

danse. Je suis maintenant un véritable "Marc In The Dark", littéralement, le "dominateur dans la noirceur", avec la poitrine qui bat, les genoux qui tremblent, le postérieur accoté sur la balustrade et mes pieds qui me soutiennent de façon précaire sur le rebord de la galerie supérieure. Avec un microphone dans une main et serrant la corde dans l'autre, j'annonce avec intensité et enthousiasme de là-haut les mots de bienvenue et mes félicitations aux étudiants, avec la promesse d'une soirée top niveau. Ils ne peuvent pas me voir et n'ont aucune idée d'où vient ma voix. Mon boniment terminé, c'est maintenant le moment de la grande entrée. ALLONS-Y !!

J'abandonne mon micro là-haut et sur le rythme d'ouverture percutant de la batterie et des premières notes de "Raise A Little Hell", les deux mains agrippées sur la corde, je m'exécute...mais...contrairement à la répétition, la mécanique ne fonctionne pas tout à fait comme prévue. J'ai d'une certaine façon légèrement mal calculé l'angle de mon swing pour la descente. Au lieu de glisser vivement jusqu'au plancher dans la lumière du projecteur, me voilà pris à mi-chemin, en train de me balancer sur la corde, d'avant en arrière, de gauche à droite et virevoltant de manière incontrôlable dans les airs comme un vulgaire aspirant au Cirque du Soleil. SEIGNEUR, NON, CE N'EST PAS POSSIBLE !! Je finis par glisser et atterrir lourdement, cul au sol, derrière la table d'accueil à proximité, dans l'obscurité et complètement hors du rayon du projecteur. Les deux étudiants préposés à l'accueil se retournent de leur table et me fixent, bouches bées.

David, Doug, Danny et Harry se penchent maintenant du haut de la balustrade de la galerie supérieure, me cherchant des yeux et se demandant sans doute où j'ai atterri. Gageons qu'ils s'esclaffent là-haut au point d'en verser quelques larmes. Pas de sursis, je n'ai pas l'choix, "the show must go on !" Comme un vrai brave soldat "trooper", je me ramasse, j'ajuste ma cape (ainsi que mon postérieur et mon ego amochés !) et je me précipite sous le projecteur comme si de rien n'était.

À mon grand soulagement, je reçois une forte acclamation et la soirée de danse et de fête est maintenant lancée officiellement telle que prévue pour les élèves de l'école secondaire Bialik, gagnants du grand concours radio "l'École secondaire la plus populaire de Montréal" (Montréal's Most Popular High School), tous et toutes sur place pour une soirée endiablée pour s'éclater à la "Raise A Little Hell". Et aux finales, il semble que les étudiants aient pris mon "accident de parcours aérien" comme faisant partie du scénario.

Néanmoins, David, Doug, Danny et Harry ne m'ont jamais laissé oublier...que ce n'était pas le cas.

RICK ASTLEY,

2009, AM 940 Mornings, Montréal

SANDI DENIS, NEIL SEDAKA,

1990, Montréal

FRANK MARINO (Mahogany Rush),
1986, Montréal

PETER NOONE (Herman's Hermits),
1991, Montecito CA

SAM ROBERTS,

2003, Québec

MARK LINDSAY (Paul Revere & les Raiders),

2000, Buffalo

MISTER " T ",

1985, New York

TOM COCHRANE,

1995, Montréal

CJFM96 (PM Drive)
1980-81-82, Montréal

MARK HOLMES (Platinum Blonde),
1986, Montréal

Radio CBRV, Collège Bourget,

Un premier micro,

1968, Rigaud Qc

FOLIES AU RALPH LOCKWOOD SHOW,

Chroniqueur "Gadgets & Novelties", CFCF 12 (CTV),

1985-86-87, Montréal

16

COULISSES DE LA RADIO : DEMANDES SPÉCIALES, AUDITRICE PLUS QUE SPÉCIALE

Mise en situation: CKGM Montréal, Marc "Mais Oui" Denis Show, 18 h à 22 h, automne 1979.

En studio, ligne téléphonique des concours et des demandes spéciales, conversations avec les auditeurs, entre les chansons, *hors des ondes* :

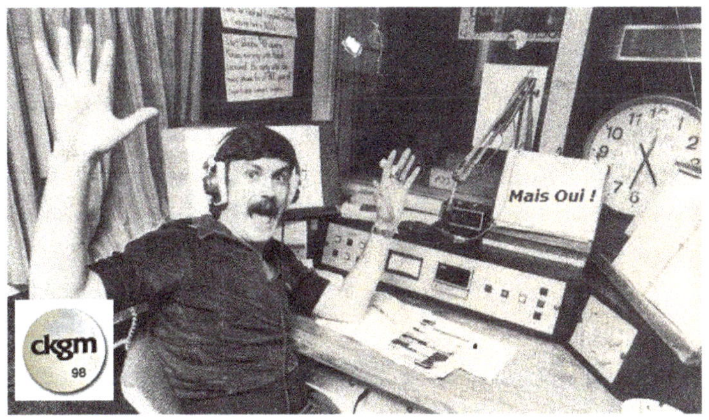

Crédit : Pages Hommage à CKGM Tribute Pages de MD

Marc "Mais Oui" Denis, CKGM, 1979

....

(Moi, au téléphone en studio, *hors d'ondes*) : "CKGM !"

(Auditrice hystérique au bout du fil) : "AI-JE GAGNÉ ??!!... OH MON DIEU !!...J'AI GAGNÉ ??!!"

(Moi) : "Mais non, tu appelles trop tôt. Je n'ai pas encore donné le signal en ondes pour téléphoner pour participer au concours. PORTE ATTENTION, mon signal pourrait survenir en ondes à tout moment..."

(Même auditrice hystérique au bout du fil, hors d'ondes) : "MAIS, MAIS JE VIENS JUSTE D'AVOIR LA LIGNE ! SUIS-JE LE BON APPEL, LA NEUVIÈME PERSONNE ???...

(Moi, essayant très fort de garder patience) : "NON ! T'ES L'ÉNERVANTE PERSONNE !! Attend que je donne le signal en ondes pour téléphoner et participer !"
....

(Moi, ligne suivante) : "CKGM !"

(Auditeur masculin au bout du fil, *hors d'ondes* toujours) :

 "Hé Marc ! J'adore ton show. Question pour toi..."

(Moi) : "Merci, c'est gentil. Vas-y !"

(Auditeur masculin poursuit) : "Je me pose une question sur quelque chose. À l'approche du vote référendaire de mai 1980 sur l'avenir du Québec au sein du Canada et avec les camps du "Oui" et du "Non" en profond désaccord, est-ce que la direction de CKGM t'aurait déjà demandé de laisser tomber ton surnom de "Mais Oui" pour un certain temps ou au moins de le modifier de temps à autres à "Mais Non", question de neutralité ?"

(Moi) : "Haha ! Bonne question ! Marc "Mais Oui" Denis ou Marc "Mais Non" Denis. En fait, la station ne m'en a jamais parlé. Écoute, voici ce que j'vais faire. À partir de ce soir, et jusqu'à nouvel ordre, je vais ajuster mon nom et me présenter en ondes comme... Marc "MAIS NO-UI" Denis. Qu'est-ce que t'en penses ? Assez neutre pour toi ?"

(Auditeur masculin) : "Hahaha !! Ça marche pour moi, t'as mon vote, Marc !"

(Moi) : "Et voilà, merci cher auditeur pour le vote de confiance et le soutien !"

....

(Moi, le prochain appel) : "Les demandes spéciales, CKGM Request Line, tu veux entendre quelle chanson ?"

(Une autre auditrice hystérique) : "SUIS-JE LE BON APPEL ?!?... J'AI GAGNÉ ?!? J'AI GAGNÉ, OUI ??... YOUPI...!!!... ...Euh...qu'est-ce que j'ai gagné au juste ?

(Moi) : (...en sanglots de frustration...)

....

(Moi, ligne suivante) : "CKGM !"

(Autre auditeur masculin) : "Salut Marc ! Aurais-tu un moment ?"

(Moi) : "J'n'ai pas beaucoup d'temps. J'suis entre deux tounes. Vas-y !"

(Auditeur masculin) : "Eh bien, moi j'aimerais faire ce que
tu fais, tsé, être un animateur de radio. Ma mère me dit
que j'ai une belle voix et moi j'aime beaucoup la musique.
Peux-tu me dire comment entrer à la radio ?"

(Moi) : "Je n'en ai aucune idée, mon ami. Va demander à
ta mère !"

....

(Moi) : "CKGM, bonsoir, good evening !..."

(Auditrice au bout du fil, *hors d'ondes* toujours) : "Bonsoir !
Nous aimerions entendre la chanson "I Will Survive" de
Gloria Gaynor...c'est possible ?"

(Moi) : "Oui, pas de prob., j'peux t'faire ça. Très hot en ce
moment celle-là. Je vais la jouer pendant la prochaine
demi-heure environ..."

(Même auditrice) : "Cool. Est-ce que je pourrais la dédier
cette chanson ?"

(Moi) : "Euh...mais oui, par contre il y a des frais
supplémentaires pour ça, tu sais ! Haha ! Je blague. Mais
sérieusement, à qui je dédie "I Will Survive" ?"

(Même auditrice) : "Haha ! Simplement mentionner que
c'est pour la gang du Westmount High School !"

(Moi) : "Hé, la bonne vieille Westmount High School, non
loin de la station de radio ici, près de l'avenue Greene où

nous sommes, tout juste à quelques rues suite à l'intersection. Vous êtes si près d'ici. Tu sais, je pourrais probablement aller à pieds tout simplement te la porter et revenir à la station en un rien d'temps, haha ! Alors donc, "I Will Survive" en ondes très bientôt sur CKGM pour Westmount High. De la part de qui ?

(Même auditrice) : "Simplement dire que c'est de la part de Kamala".

(Moi) : "Kamala...Kamala...? Tu as appelé pour des demandes spéciales de chansons avant ce soir déjà, n'est-ce pas ?..."

(Même auditrice) : "Oui, en effet, à quelques reprises..."

(Moi) : "C'est ce que je pensais. Ta voix m'est familière. C'est un beau nom, plutôt unique, sûrement facile à retenir..."

(Même auditrice) : "Wow, merci !"

(Moi) : "Merci à toi d'avoir appelé, je vais te faire tourner ça sous peu Kamala *..."

(Même auditrice, fin de l'échange) : "Merci encore et bonne soirée !"

*** Notes additionnelles ♪♪ :** * Kamala ? Mais Oui ! CETTE Kamala-là ! Bientôt diplômée de l'école secondaire Westmount High, cohorte de 1980-1981, Kamala Harris.

Kamala Harris et sa sœur Maya quittent leur Californie natale et aménagent à Montréal à la fin des années 1970 avec leur mère Shyamala. Cette dernière avait accepté un important contrat pluriannuel en tant que chercheuse et lectrice à l'Hôpital général juif de Montréal, affilié à l'Université McGill.

Crédit : Allen McInnis/ The Montreal Gazette

Recueil yearbook de l'école secondaire Westmount High, Kamala Harris, classe des diplômés/ées de 1980-81

Suite à leurs graduations, Kamala, sa soeur et sa mère retournent aux Etats-Unis afin de poursuivre leurs études, leurs carrières et leurs vies en sol américain.

Kamala Harris est assermentée quelque 40 ans plus tard en tant que vice-présidente des États-Unis. Elle fait son entrée à la Maison-Blanche le 20 janvier 2021.

"I Will Survive" ? Tu parles ! Toute une survivante, toute une gagnante de concours dans le jeu de la vie !

MAURICE RICHARD,

1987, Montréal

SANDI, CHRIS DE BURGH, MD,

2000, EZRock 97.3, Toronto

HERB ALPERT,

1987, Los Angeles

ROBBIE KRIEGER (Doors),

1992, Montréal

17

COUP DE THÉÂTRE DRAMATIQUE DANS LES COULOIRS DE LA STATION CKGM

Nous sommes le 5 mai 1980. La ville, la province et le pays entier ne sont qu'à une quinzaine de jours du premier référendum sur l'avenir du Québec. La date fixée pour le vote est le 20 mai. Les adhérents du "Oui" sont dirigés par le Premier ministre René Lévesque et son gouvernement indépendantiste du Parti québécois qui proposent la souveraineté-association pour le Québec comme nouvelle entente avec le reste du Canada. Le forces fédéralistes du "Non" sont menées par le Parti Libéral du Québec et leur nouveau chef, Claude Ryan, qui reçoit l'appui mobilisé du gouvernement libéral à Ottawa sous la tutelle du Premier ministre fédéral, le nouvellement réélu Pierre E. Trudeau, et de ses ministres fédéraux dont plusieurs d'entre eux sont d'éminents francophones du Québec. Le camp du "Non", s'il est victorieux, promet un fédéralisme renouvelé aux Québécois et des changements constitutionnels pour mieux servir le Québec au sein du Canada. Les tensions sont vives, notamment à Montréal. Le tissu social de la métropole est sévèrement effiloché alors que, partout, les allégeances au "Oui" et au "Non" sont exprimées avec fermeté et les relations et les amitiés deviennent tendues et mises à l'épreuve. Les journaux, les émissions de lignes ouvertes à la radio, les actualités télévisées et les tribunes d'affaires publiques en parlent sans relâche à tous les jours, autant sur les chaînes radio et télé anglophones que francophones. Le référendum est le sujet quotidien No 1 partout. Il y a une anxiété palpable et des frictions et du ressentiment même au sein de familles.

Crédit : Sutori / Michelle Chiu

Le référendum de 1980 à Montréal. Les tensions sont vives.

En ce lundi 5 mai, j'arrive à CKGM pour animer mon show quotidien, de 14 h à 18 h. J'entre dans l'ascenseur qui me monte au troisième étage de notre édifice du 1310 avenue Greene vers 12 h 30. Lorsque les portes s'ouvrent, je suis surpris de constater à quel point le hall de réception de la station est calme et déserté. En temps normal, je serais accueilli par la réceptionniste, peut-être par certains membres du personnel de production de la station qui anticipent mon arrivée pour enregistrer quelques annonces publicitaires avant que je passe en ondes. Souvent, il peut y avoir des livraisons ou des visiteurs sur place qui attendent patiemment, assis sur les chaises ou le fauteuil à la réception, pour des rendez-vous avec des employés de la station ou peut-être une poignée d'auditeurs sur place pour cueillir un prix qu'ils auraient gagné. En ce jour, pas un chat. Personne. Vide. C'est probablement juste une accalmie à l'heure du lunch, j'imagine. Je me retourne aussitôt à ma gauche et j'ouvre la porte menant au couloir étroit vers les studios. À peine ai-je fermé la porte derrière moi que je vois le directeur des programmes, Robert G. Hall, qui s'approche de moi dans le couloir par la droite. Fort étrangement, Robert G. se promène avec les mains légèrement levées sur les côtés, les yeux fixés au sol, presque comme quelqu'un qui serait en état de choc.

"Salut Bob, comment ça va !", je lui lance d'un air enjoué.

Robert ne me répond pas, m'ignore et continue de marcher vers moi, les mains toujours levées, les yeux fixés au sol. Je recule légèrement afin de le laisser passer... seulement pour me rendre compte qu'il y a quelqu'un derrière lui, qui le suit de très près. Tout comme les deux passent tout près de moi, je remarque qu'un individu plus petit que lui le suit, ce dernier qui semble avoir un pistolet pointé dans le dos de Robert. Oh...un instant. C'est louche. Ils continuent dans le couloir étroit et, rendus au fond, virent à la droite devant la salle de régie principale de CKGM et des cabines des annonceurs et des nouvellistes vers les départements des ventes et de la copie et des textes publicitaires. Je sprinte vers la salle de régie master où mon confrère deejay à temps partiel Mitch Snaden est présent pour faire une semaine de remplacement de vacances dans le quart d'ondes de 10 h à 14 h. J'ouvre la porte de la salle du master et je l'informe de ce que je viens de voir.

"QUOI ?!? T'es sûr ??" Snaden me demande, incrédule.

"Mais Oui !...Je ne plaisante pas. Je n'aime pas cette ambiance, ce feeling Mitch. Il y a quelque chose qui ne tourne pas rond, c'est tout simplement anormal ce qui se passe dans l'couloir que je lui dis, tout en assombrissant les lumières au bas niveau sur le gradateur d'éclairage du master. Mitch s'empresse d'alimenter la cartouchière audio de plusieurs chansons de la programmation et d'indicatifs de la station mis en attente pour assurer la continuité en ondes, tout en s'abstenant de faire ses animations en direct au micro pour le moment et en s'assurant de garder le volume dans la régie master au minimum.

Soudainement, un visage nous regarde à travers la petite fenêtre rectangulaire de la porte du master...

Mitch plonge sous la console et moi, dans le pénombre, je me précipite dans le coin de la pièce, entre le mur et les grosses machines enregistreuses à bandes-témoins.
La porte s'ouvre lentement et deux voix masculines crient:

"POLICE ! ! POLICE !...QUI EST LÀ ?!...IDENTIFIEZ-VOUS !!"

"Y'a seulement deux personnes, mess...mess...messieurs les agents ! Euh...euh...Je suis Marc Denis...de CKGM, ici derrière les machines...je serai en ondes à 14 h...du moins, je l'espère !?!"

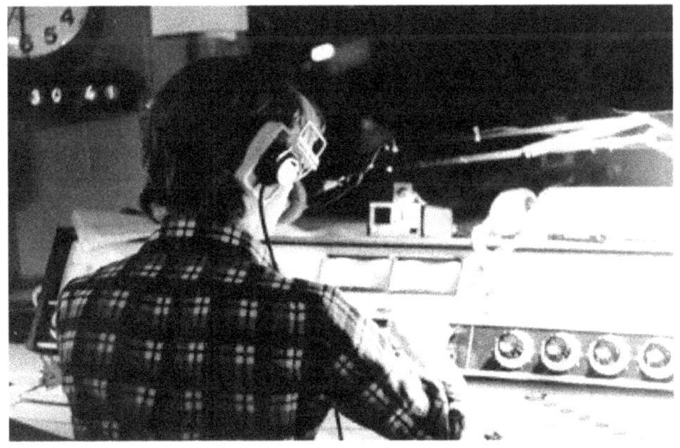

Photos : Joyce Pillarella

**Haut : Mitch Snaden, en semaine de remplacement,
studio master à CKGM, 10 à 14 h, mai 1980**

**Bas : Marc Denis, animateur du drive home,
studio master à CKGM, 14 à 18 h, mai 1980**

"Et moi c'est...je suis...Mitch Snaden, ici...en dessous!
C'est moi en ondes en c'moment...je pense !??"

Avant de quitter en trombe, l'un des deux agents crie:
"NE BOUGEZ PAS, LES GARS ET RESTEZ CACHÉS !

...Il y a une situation qui se déroule ici au troisième étage en ce moment. Nous reviendrons et nous vous aviserons quand le bon état des choses sera rétabli et que tout sera à nouveau sécuritaire !"

Je suis maintenant accroupi derrière les machines des bandes-témoins dans le studio master, le cœur battant, les genoux qui claquent. Je parviens à chuchoter dans la semi-obscurité:

"Mitch...Mitch... m'entends-tu ?? Ça va ? T'es correct ?"

Snaden, chuchotant en retour: "Oui man, je t'entends... je suis sous la console de diffusion, avec la chaise devant et contre moi...et j'essaie de nous garder en ondes..."

Effectivement, de ma cachette de secours sombre et poussiéreuse, je peux apercevoir le bras et la main de Mitch qui sortent lentement de sous la console pour déclencher les cartouches afin d'enchaîner son émission avec le prochain indicatif et la chanson qui doivent suivre. Quelle conscience professionnelle et quel aplomb imperturbable sous contrainte !

Soudain, dans le couloir juste à l'extérieur de la salle de régie master, le silence est brisé par des cris frénétiques. Et puis, sans avertissement, il y a une pétarade d'une demi-douzaine de coups de feu. Moment complètement surréaliste. Pendant de très longues secondes, Mitch et moi oublions tous les deux de respirer. Quelqu'un a-t-il été blessé ? Ou pire ? Et quelle est la suite ? C'est terrifiant...

Une énorme agitation se produit à l'intersection des couloirs non loin de la régie master où nous sommes terrés. Des secousses bruyantes de frappes contre les murs, des bruits de chutes lourdes au plancher. Beaucoup de cris et d'ordres aboyés. L'angoisse et surtout la peur nous envahissent. Dans ce qui semble être une éternité, quelques minutes plus tard, la porte de la salle de contrôle du master s'ouvre à nouveau. Mitch et moi retenons encore une fois notre souffle. C'est l'un des policiers qui confirme que nous sommes désormais hors de danger et qu'un tireur armé vient d'être maîtrisé, menotté et retiré. Miraculeusement, personne n'est blessé. Tous les tirs ont raté leur cible. Que diable s'est-il passé ? Les employés et employées de la station sortent maintenant d'un peu partout de leurs cachettes. Plusieurs se consolent les uns les autres, beaucoup sont en sanglots, d'autres se prêtent à donner le récit de leur mésaventure aux policiers et aux SWAT que l'on dénombre maintenant à plus d'une dizaine. Mitch Snaden et moi échangeons un long câlin. Le staff est visiblement secoué et bouleversé, surtout Robert G Hall. Nous apprenons que l'individu armé et en pleine détresse psychologique était si désemparé par les perspectives d'un éclatement potentiel du Canada, à deux semaines à peine du vote référendaire du 20 mai, qu'il voulait accéder aux ondes pour exprimer personnellement "son profond mécontentement envers le Premier ministre du Québec René Lévesque et le Premier ministre du Canada Pierre E. Trudeau". De ces derniers, il voulait apparamment exiger "qu'ils se réunissent tous les deux avec lui sur les ondes de CKGM pour trancher la question de l'indépendance et du référendum, ensemble en ondes, une fois pour toutes, et tout annuler". Un très mauvais film. On apprend aussi que la réceptionniste avait discrètement alerté Robert sur la ligne téléphonique de son bureau, flairant le malaise dans le lobby de la réception. C'est en observant de par les portes vitrées le comportement inquiétant de l'homme qui brandissait ce qui semblait être une arme à feu que Robert G. s'est retiré dans son bureau pour appeler la police. C'est alors que l'individu visiblement impatient et incontrôlable prenait soudainement la réception d'assaut, en trombe, et fonçait à travers les portes vitrées du couloir pour faire irruption dans le local de Robert de l'autre côté. Il tirait sans plus tarder un coup d'avertissement au-dessus de l'épaule de Robert, la balle qui l'évite à peine et se loge dans le mur derrière sa chaise de bureau, une façon sans équivoque de confirmer qu'il était sérieux dans sa mission. Cette action se produisait que quelques moments avant que je ne sois entré dans le couloir, ce qui explique pourquoi personne n'était présent quand je suis arrivé au troisième étage. Robert G. avait essayé d'apaiser l'homme perturbé en le menant vers les studios mais en bifurquant à droite au fond pour emprunter le couloir adjacent menant aux départements des ventes et des copies pour gagner du temps. Plusieurs membres du personnel dans cette section du poste s'étaient absentés pour l'heure du lunch. C'est là que l'ami Hall allait essayer de raisonner l'intrus fou. Avec le recul, cette ruse improvisée de Robert nous a épargné à Mitch et moi une visite potentiellement fatidique dans la régie master, évitant ainsi un résultat qui aurait pu être très contraire de ce qui s'est passé.

Cette manoeuvre de retardement dans le couloir adjacent se produisait à peu près à l'instant où les deux premiers policiers se précipitaient sur les lieux, bientôt suivis d'une petite armée de renforts. Hall a réussi à plonger hors du décor pour se mettre à l'abri in extremis, juste au moment où l'échange de coups de feu commençait.

Bien que tous les membres du personnel présents à la station cette journée-là de mai 1980 vont se souvenir de cet effroyable événement pour toujours (...comment peuvent-ils l'oublier !), Robert G. Hall demeure affecté et hanté par l'incident pendant des années, trouvant la paix et un certain réconfort finalement dans la réalisation qu'il a sauvé le jour, et de façon héroïque, d'une conclusion bien plus malencontreuse.

Le 5 mai, 1980 : Le jour où CKGM est reconnue bien malgré elle comme étant la station des "HITS"...dans tous les sens du mot !

Notes supplémentaires ♪♪: - Chers amis, vous pouvez retrouver les coupures de journaux rapportant la fusillade à CKGM au lendemain matin de l'incident plus loin dans les sections de photos scrapbook du livre.

- Lorsque les votes sont comptés ce 20 mai 1980, le camp du "NON" reçoit 59,56 % des voix contre 40,44 % pour les forces du "OUI", sur un taux de participation majeur de 86%. L'histoire démontrera que la marge du vote serait beaucoup plus serrée la deuxième fois, sinon très mince, lors du second Référendum de 1995, avec les forces du

"NON" recevant 50,58 % des votes, alors que le côté du "OUI" recueille 49,42 % sur un taux de participation encore plus imposant, cette fois de 93,5%. Mais, plus ça change...

- 1980 est ma dernière année à CKGM après y avoir passé la majeure partie des années 1970. Je ne retourne à la station que huit ans plus tard, en août 1988, lors d'une tournée médiatique pour promouvoir le Téléthon de la dystrophie musculaire de l'automne 1988 dont je suis un co-animateur annuel à l'époque. L'intervieweur est Richard Dagenais, le directeur des nouvelles de CKGM.

Lorsque nous terminons notre enregistrement, Richard m'accompagne à la sortie et, alors que nous marchons dans le couloir vers les ascenseurs, il nous détourne un instant et nous pointe vers le bas angle d'un mur juste à l'extérieur de la salle de régie master. La mâchoire me décroche. Je suis incrédule. Bien qu'il y ait eu quelques couches de peinture fraîche d'appliquées ainsi que des rénovations effectuées dans les couloirs au cours des huit dernières années, on avait décidé de ne pas couvrir cet ensemble de trous de balles notoires dans le mur de ce couloir. Les trous sont toujours là ! Intacts, la collection de petits trous béants dans le mur, huit ans plus tard !

Un souvenir et tout un sujet de conversation pour plusieurs décennies qui suivent. Et pour ainsi dire, un rappel de longue date de ce jour tristement célèbre du mois de mai 1980.

Crédit : Joyce Pillarella

Mitch Snaden au téléphone, dans le couloir des bureaux à CKGM, suite à l'événement :

"Oui maman, oui, je t'assure, ils l'ont attrapé...Moi ça va, ne t'en fait pas, il n'y a personne de blessé...oui, maman, tout est correct, oui, t'en fait pas, nous sommes en sécurité. Nos sous-vêtements par contre, là c'est moins beau..."

ADVIL,

Pub télé réseau

1989, Montréal

Tournage KEEPING TRACK Film Shoot, 1985

MD le policier "Luc" à la capture nocturne de

Margot Kidder et Michael Sarrazin,

Montréal (sortie du long métrage 1986)

MUNGO JERRY (*alias* Ray Dorset),

"In The Summertime" de 1983, Londres

MARJO,

1995, Montréal

18

"ELLIE" ET "BIG BIRD",
CO-PILOTES D'UNE ENVOLÉE SAISISSANTE

Après avoir passé la majeure partie des années 1970 en ondes au AM à 980 CKGM, je me retrouve sur la bande FM à Montréal au début des années 1980, dans un premier temps à CJFM 96, où j'anime l'émission "Drive Home" de l'après-midi, du lundi au vendredi.

Tout comme de nombreuses configurations de studios de l'animation en ondes, la porte d'entrée de la cabine de régie principale master de CJFM est à quelques pieds derrière l'animateur ou l'animatrice en devoir et l'on peut affirmer avec certitude que, lorsque le néon "En ondes" à l'extérieur de la porte clignote plein "rouge", PERSONNE ne doit entrer et nous sommes en toute aisance pour divertir l'auditoire radio au micro.

Source : Standard Broadcasting, Scrapbook Marc Denis

L'auto-collant CJFM 96 Montréal, début des années 1980

Un bel après-midi au début du printemps de 1981, au milieu de mon émission, avec l'éclairage de la régie master réduit à 50% sur le gradateur pour de l'ambiance, j'allume la clé du microphone pour faire une intervention entre deux chansons quand, à peine quelques secondes plus tard, j'ai soudainement le sentiment inquiétant qu'il se passe quelque chose derrière moi. Le grincement audible de la porte de la cabine qui s'ouvre lentement, le son de chuchotements, le bruissement distinct de vêtements, cette sensation étrange que quelqu'un ou quelque chose s'approche derrière moi. Inébranlable, je continue de livrer mes propos, me concentrant désespérément sur mes notes et sur mon fil de pensée lorsque, dans un brusque mouvement, une paire de grosses mains apparaît sur l'accoudoir gauche de ma chaise et une autre paire de mains tout aussi énorme s'empare simultanément de l'accoudoir droit de la chaise des ondes sur laquelle je suis assis. Avant que je ne puisse m'en rende compte, je suis soulevé d'une bonne quinzaine de centimètres dans les airs et rejeté au sol aussi brusquement, complètement surpris et stupéfait, aux rires collectifs...

...du colossal Larry Robinson des Canadiens de Montréal à ma gauche et de l'imposant Ellis Valentine des Expos de Montréal à ma droite !! Tu parles d'avoir des explications à faire aux auditeurs du moment alors que je hurle en ondes comme un enfant de quatre ans, haletant tout au long de la séquence, pensant sérieusement que mon Dieu le créateur était venu me réclamer. Quand je me rends compte de ce qui vient de se passer et qui sont les coupables, je finis par m'esclaffer et me joindre à mon couple de grands farceurs dans une méchante ronde de fous rires de soulagement, en ondes toujours ! Je leur demande s'ils n'ont pas vu l'ampoule du néon rouge "En ondes" à la porte !?! Bon sang, est-elle brûlée !?!... pour ensuite les sermonner sur le protocole de la régie master et conclure à l'antenne avec nos deux athlètes espiègles et combien coupables sur des explications au profit de l'auditoire de la station qui devait se poser de sérieuses questions à ce moment précis. Tu parles d'avoir à te remettre sur patins après une telle mise en échec si percutante et une telle balle en flèche de l'avant-champ !

Quand je demande pourquoi diable ils m'ont fait ça, Larry se penche au micro et explique en ondes, sur CJFM 96 (!) :

"Hé, Ellie et moi, nous sommes simplement de passage ici aujourd'hui pour te ramener à 980 CKGM, Marc, parce que cette station n'est tout simplement plus la même depuis que tu l'as quittée. J'espère que ça ne te dérange pas ?"

(Rires collectifs)

Suite aux réactions enthousiastes des employés de CJFM et des auditeurs sur mes lignes téléphoniques après cette aventure, j'en viens à la réalisation que cette blague a créé un moment radiophonique fort divertissant en ondes cet après-midi-là. Le calme revenu, j'apprends que Larry et Ellis avaient été tous les deux convoqués et étaient sur place dans un des studios de production non loin sur l'étage afin d'enregistrer des indicatifs pour une promo conjointe pour les deux stations, CJAD et CJFM, et qu'ils avaient décidé de s'amuser à mes dépens avant de partir.

Au fait : vous vous demandez quelle est la force physique de Larry "Big Bird" Robinson et du tout aussi imposant Ellis "Ellie" Valentine ?

Eh bien, moi je mesure 1 mètre 88 et je pèse les 100 kilos et je me suis fait soulever sans effort...vers le haut...au micro...par nos deux héros rigolos.

Un vol turbulent mais combien épique !

Source : Scrapbook MD

Article du Sunday Express Mtl par Andy Nulman, 02-11-80

Marc Denis, d'Hier à Aujourd'hui", 6:00–10:00

2002 et 2003, Montréal / Laval

TERRY JACKS,

1992, Vancouver

ROCK 'N ROLL HALL OF FAME,

Un voyage "must"

L'Exposition "GEORGE HARRISON"

2011, Cleveland

19

"BUDDY GEE" :
L'UNE DES VOIX À ME MONTRER LA VOIE

George Morris *alias* "Buddy Gee". J'ai un trio de bons
souvenirs qui me viennent à l'esprit lorsque je pense à l'un
des sublimes talents de la voix hors champ au Canada,
aussi un ancien collègue de radio, l'unique George Morris.

Crédit : Archives Listen Audio

George Morris *alias* "Buddy Gee" à CKGM, 1964

Dans un premier temps, d'avoir eu la chance de l'écouter au milieu des années 1960 sous son sobriquet de "Buddy Gee" sur les ondes de 980 CKGM Montréal, complètement ébloui par sa personnalité attachante et son entrain communicatif, d'avoir été inspiré par lui, et puis, à peine 10 ans plus tard au milieu des années 1970, de me retrouver installé en ondes comme lui l'avait été, dans la même ville, à la même station, dans le même créneau horaire que lui en soirées de semaine. Pincez-moi !

Deuxièmement, d'avoir été recruté au début de 1992 pour prendre sa relève alors qu'il animait l'émission du dimanche "The Sunday Morning Solid Gold Show with Buddy Gee" sur CJFM Montréal. George avait décidé que le temps était venu de quitter l'émission pour se pencher décisivement sur ses activités de voix hors champ sans cesse grandissantes et sur ses responsabilités de gestion accaparantes à ses studios d'enregistrements Listen Audio. Le show est rebaptisé "Marc Denis Reeling in the Years" pour l'occasion à CJFM. Pincez-moi...encore !

Source : Scrapbook MD, CJFM Mix 96, 1992-1993-1994

Et troisièmement, les sessions d'enregistrements pour des publicités ou des narrations dans ses studios Listen Audio dans le Vieux-Montréal, au fil des décennies. C'est connu, tout le monde dans le milieu de la pub vous confirmera que vous deviez être prêt à subir un charmant barrage de plaisanteries et de blagues de style "Mon Oncle" à votre arrivée chez Listen, lorsque vous étiez à l'horaire pour une session d'enregistrement et que M. Morris vous accueillait. Ça se passait habituellement dans l'aire de réception, près de l'inévitable et immense statue du fameux bonze rouge vif au sommet de la cage d'escalier de ses bureaux.

En voici une de ces journées notoires, à l'été 1982.

Visualisez si vous l'voulez bien le couloir étroit à droite, lorsque vous entrez dans les locaux de Listen Audio à la Place d'Youville dans le Vieux Montréal. George et votre humble serviteur, sommes côte à côte un beau matin, en train de préparer calmement nos cafés à la cafetière, tout en attendant d'être appelés en bas au sous-sol pour enregistrer à intervalles nos partitions respectives.

(George, levant la tête et pointant vers le mur devant nous) : "As-tu entendu ce qui est arrivé aux deux gars qui ont volé mon calendrier ?"

(Marc) : "Non... ?"

(George) : "Ils ont chacun reçu 6 mois !"

(Marc) : "Héhé... Ahhhh..."

(George) : "Aie, sais-tu ce qui arrive à ton eau de javel si tu parles pendant que tu fais la lessive ?"

(Marc) : "Non...quoi ?"

(George) : "Elle est va être moins concentrée !"

(Marc) : "Awwwww...haha..."

(George) : "Attends...une p'tite dernière. Qu'est-ce que l'escargot a dit en voyageant assis sur le dos de la tortue ?"

(Marc) : "J'ne sais pas George. Qu'est-ce que l'escargot a dit en voyageant assis sur le dos de la tortue ?"

(George) : "...Wheeeee !"

(Marc, recrache gorgée de café par le nez et la bouche, flaque le tapis)

(George) : "HI-HA-HA-HI...Aie...Tu ferais mieux d'aller en bas, Marc. Ils te réclament sur l'interphone, c'est à ton tour d'enregistrer !

(Marc) : "OK George, j'y vais à l'instant...WHEEEEE!..."

(Éclats de rires)

Crédit : Archives Listen Audio

**George Morris, dans ses studios Listen Audio,
Vieux-Montréal, début des années 1970**

ROGER McGUINN (Byrds),

1993, Montréal

Coanimation à l'ACR / CAB,

SANDIE RINALDO,

2003, Québec

MICHELLE PHILLIPS,
1991, Los Angeles

DENNY DOHERTY,
1991, Toronto

The Mamas & Papas (½)

20

"ABBEY ROAD STUDIOS", LONDRES : OÙ L'ON NE SAIT JAMAIS QUI L'ON VA CROISER

Calendrier : du 18 juillet au 11 septembre, 1983.

Mise en situation : Les légendaires Studios Abbey Road à Londres en Angleterre sont ouverts au public avec des visites guidées des lieux. L'événement sans précédent est prévu pour la période des sept semaines nécessaires afin de permettre aux équipes d'ingénierie de mettre à jour et de rénover la cabine de régie du Studio # 2, pièce située au haut de l'escalier à l'intérieur même du vénérable # 2. C'est le fameux emplacement mythique où les Beatles ont enregistré la majorité de leur vaste catalogue musical.

À ce moment-ci, je suis le chroniqueur de musique pop pour CFTM télévision Montréal (TVA) et aussi, l'animateur et producteur de l'émission de compte à rebours des hits du samedi matin "Le Décompte" sur la radio de CKOI FM Montréal. Fan fini des Beatles que je suis, voilà l'excuse parfaite pour un voyage éclair à Londres pour effectuer des reportages et vivre une expérience fab et inestimable. Donc, avec des contrats d'échanges avec les stations de radio et de télé pour les vols et l'hébergement en poche, c'est destination aéroport avec le bon copain, Gerry Dixon, lui aussi un collègue des médias et un grand fan des Fab 4.

Le 8 septembre 1983 :

Gerry et moi approchons la foule rassemblée à l'extérieur des Studios Abbey Road à Londres, avec notre équipement d'enregistrement portable en remorque. La file s'allonge à partir des marches à l'entrée de l'édifice, au-delà du portail d'entrée en fer forgé jusqu'au trottoir, pour s'étendre au loin dans la rue. C'est là que notre bande d'enregistrement commence à rouler :

"Excusez-moi, je m'appelle Marc, je suis de Montréal, Québec, au Canada, voici mon collègue Gerry. Nous faisons un reportage de cet événement, "Les Beatles à Abbey Road", pour la radio et la télé au Canada. D'où vient toute votre gang ?

Les cinq ou six jeunes, garçons et filles, crient à l'unisson :

"JAPAN !!" (suivi d'une clameur enthousiaste de tout le groupe).

Nous nous déplaçons, Gerry et moi, vers la tête de la file. Avec le microphone à la main, je m'approche de deux adolescents qui attendent patiemment :

"...Et vous les gars, vous venez d'où ?"

"Je m'appelle Lee, voici mon meilleur ami Chas et nous sommes tous les deux du PAYS DE GALLES ! Lorsque nous avons entendu parler de l'ouverture pour les fans, nous avons fait ce voyage spécial ensemble pour visiter les Studios Abbey Road ici à Londres..."

Photo : Gerry Dixon

Lee et Chas, du Pays de Galles

(d'enchaîner le jeune Lee) : "Nous sommes nés à l'époque de la "Beatlemania" au milieu des années 1960, j'ai 17 ans, et Chas en a 16. Nous faisons partie d'une toute nouvelle génération de fans. Les Beatles sont les meilleurs, leur oeuvre est tout simplement géniale. Ils sont tellement plus inspirants de ce que l'on entend à la radio de nos jours !"

Je m'approche maintenant d'un type dans la file, debout à quelques mètres des boys du Pays de Galles :

"Bonjour, je m'appelle Marc, je viens du Canada et je fais des reportages sur cet événement pour la radio et la télévision de Montréal au Québec. Quel est ton nom et d'où viens-tu ?"

"Daniel. Je suis un collectionneur des disques des Beatles. Je viens d'ISRAËL !"

"Israël ? Wow ! Tout un déplacement. Elle est imposante ta collection, Daniel ?"

"J'ai environ 600 disques, diverses parutions de disques des Beatles de différents pays. C'est en fait une petite collection par rapport à d'autres collectionneurs. En c'qui me concerne, c'est ma quatrième visite à Abbey Road. Une grande partie de l'histoire de la musique a été produite ici dans ces studios. Cela vaut tellement la peine de venir voir. Je n'en aurai jamais assez !"

Nous nous rapprochons maintenant des portes d'entrée des légendaires studios d'enregistrement. Je tends le micro vers un autre fan :

"Bonjour, tu viens d'où exactement et quel est ton nom ?"

"Je suis de Côme, près de Milan, en ITALIE ! Je m'appelle Sandro !"

"Wow, cool. Peux-tu nous dire "I Love The Beatles" en italien ?"

"En italien ? Si, si... *Mi piacciono molto i Beatles* !"

"Super ! Merci, *grazie* Sandro...et bonne visite !"

Avec Gerry toujours à mes côtés, notre magnétophone en bandoulière sur son épaule, nous nous faufilons au-delà du portail d'entrée des studios emblématiques pour nous retrouver sur les lieux mêmes, là où la file des fans est plus dense que jamais. Un autre type dans la file d'attente établit un contact visuel avec nous et nous l'approchons :

"Bonjour, je m'appelle Marc et c'est mon collègue Gerry, nous sommes de Montréal, au Canada, sur place pour recueillir du matériel pour mon reportage pour la radio et la télévision chez nous. Et tu es... ?"

"Hé les gars, je suis Bob de HOUSTON, au Texas ! Et j'ai voyagé ici spécifiquement pour l'événement, j'ai même planifié des vacances de dix jours pour ça. Des visites à Londres, à Liverpool, à tous les endroits d'importance qui concernent les Beatles. J'ai 32 ans, je suis fan de première génération. C'est la priorité absolue pour moi d'entrer ici pour visiter les Studios Abbey Road aujourd'hui. Vous dire que j'ai tellement hâte que j'en tremble !!"

Puis, je me dirige vers une jeune femme aux cheveux courts, blonds et décolorés, pas plus âgée que la fin d'adolescence, en ligne près des marches à l'entrée du bâtiment:

"Bonjour, moi c'est Marc, du Canada. Et toi, comment t'appelles-tu ?"

"Bonjour à vous, mon nom est Babette !"

"Babette ? D'où viens-tu, Babette...et est-ce un voyage spécial que tu as fait pour cet événement ou bien est-ce que cette visite à Abbey Road fait partie d'un agenda de vacances pour toi ?"

Photo : Marc Denis

**Été 1983 : Le pèlerinage mondial vers Abbey Road est en cours.
C'est la foule quotidienne, pendant sept semaines consécutives.**

(Babette) : "Je viens d'ALLEMAGNE. Plus précisément de la ville de Münster. Je suis venu ici à Londres spécifiquement pour ceci. J'ai 19 ans, je suis née en 1964, l'année où les Beatles sont devenus célèbres dans le monde entier. Leur musique me parle, vient me chercher. Oh là là que je suis nerveuse ! Je pense que nous allons bientôt entrer !"

"Intéressant ! Une autre confirmation d'une nouvelle génération qui découvre et apprécie les Fab Four. Dis-moi, Babette, peux-tu dire pour nous "J'aime les Beatles" en allemand ?"

"Bien sûr. *Ich mag die Beatles sehr viel* !"

"Merci, *danke*, Babette !"

Photos : Marc et Gerry

À gauche : Gerry, plancher du Studio 2, derrière l'orgue Hammond jumelé à un système de haut-parleurs rotatifs Leslie. C'est l'instrument qui fut utilisé pour canaliser les voix afin d'obtenir des effets particuliers comme lors de la captation de "I Am The Walrus".

À droite : Marc, dans le Studio 2, au piano même qui a servi à l'enregistrement de "Let It Be".

Gerry et moi serpentons maintenant la file humaine sur les marches des Studios Abbey Road. Les portes s'ouvriront bientôt à nouveau pour permettre à quelques autres douzaines de fans de faire la visite des lieux. J'étends mon microphone vers un type accoudé sur la balustrade:

"Bonjour mon ami, je rassemble des clips audio des fans pour notre reportage, je viens du Canada et..."

Sans avertissement, le gars m'interrompt et s'écrie :

"Marc !? ! Marc Denis ?? Wow...Comment ça va !?!"

Complètement abasourdi, je parviens à laisser échapper:

"Han ?... QUOI !? On s'connaît...en Angleterre ?!?"

"Bien sûr, comme tu dirais...MAIS OUI !! Je m'appelle JOHN et je viens de VERDUN...Québec, au Canada !!"

"HEIN !!! Pas vrai ! T'es...de VERDUN...LE...LE...VERDUN... à côté de Montréal !!!?

"C'est ça ! J't'ai reconnu. Alors, Marc...comme t'es ici avec un microphone, j'aimerais dire quelques mots à ma famille à la maison..."

Puis il m'arrache le micro :

"SALUT MAMAN ! C'est ici ton fils bien-aimé, JOHN ! Juste pour te faire savoir que le voyage est formidable, je vais bien et que j'suis sur les marches ici aux Studios Abbey Road à Londres en Angleterre, j'espère y entrer bientôt parce qu'il commence à pleuvoir. JE T'AIME MOM !... En passant, tiens, dis bonjour à un gars que tu connais probablement très bien: Marc "Mais Oui" Denis...de Montréal !!"

Inutile de dire qu'il y a un concert d'éclats de rires de la part de tout le monde en attente sur les marches à portée de voix de ce moment aussi singulier que déconcertant. Je n'arrive toujours pas à m'en remettre toutes ces années plus tard de ce moment cocasse. Que Dieu bénisse les BEATLES, les grands unificateurs.

Et que Dieu bénisse JOHN...John de Verdun, où que tu sois aujourd'hui mon ami. Quelles étaient les chances !

Photo : Un touriste japonais qui passait par là.
Visionnez la webcam "Abbey Road" 24/7 sur AbbeyRoad.Com

**Les Fab "Faux" et l'incontournable photo souvenir, sept. 1983
Stuart de Manchester, Gerry, Nigel de Manchester, Marc.**

Photo de l'album Abbey Road : Iain Macmillan. Design de pochette : John Kosh.
Parution en septembre 1969, disques Apple/Parlophone/EMI au www.thebeatles.com

**La prise classique du photographe Iain Mcmillan imitée des millions
de fois depuis 1969 par les fans et touristes du monde entier. Fab !**

LES EMMERSON,
(Staccatos, 5 Man Electrical Band),
1991, Ottawa

JERMAINE JACKSON (Jacksons),
1986, Montréal

MA PREMIÈRE BATTERIE,

Tambours et cymbales en carton authentique !

1964, Dollard-des-Ormeaux Qc

Mon kit classique SLINGERLAND early 60s,

2011, Kirkland Qc

DANNY SERAPHINE,

(Batteur : Chicago, California Transit Authority),

2011, Montréal

RANDY BACHMAN (Guess Who, BTO),

2006, Montréal

SWINGING BLUE JEANS,

Les, MD, Ray, Colin et Phil,

1983, Londres

THE FIFTH DIMENSION (le 2/5 ième),

Marilyn McCoo, Marco les carreaux, Billy Davis Jr,

1973, Ottawa

21

COMMENT DIRE "MARC DENIS" EN ESPAGNOL ?
DEMANDEZ À GLORIA ESTEFAN !

D'autres vedettes, d'autres historiettes ? On jase...

Gloria Estefan est en voie de devenir une superstar mondiale des années 1980. L'auteure-compositeure-interprète cubano-américaine parvient à vendre plus de 100 millions de disques dans le monde entier et elle est l'une des artistes latina/latino les plus réussies et les plus reconnaissables, surtout de celles et ceux à croiser les palmarès musicaux de styles variés. Mais en 1983, elle est la soliste principale d'un groupe prometteur, The Miami Sound Machine, aux côtés du co-membre fondateur du groupe, le conjoint de Gloria, Emilio Estefan. Bien que leurs perspectives d'un avenir couronné de succès apparaissent favorables, le groupe est strictement une attraction locale du sud de la Floride sur le circuit des clubs pour l'instant, avec aucun hit majeur à son crédit.

Au cours des premiers mois de 1983, je quitte mes émissions de musique rétro et d'entrevues du samedi et du dimanche à CKAC 730 Montréal pour passer à un nouveau défi, soit, au lancement d'une toute première émission de compte à rebours des hits contemporains français et anglais sur les ondes de CKOI FM. Nous lui donnons le titre "Le Décompte CKOI" et j'en serai son premier animateur et producteur.

J'ai environ trois semaines de répit entre les deux jobs ;
je décide donc de m'évader pour une semaine éclair de
repos et de relaxation dans le Sud. Destination, le bord de
mer à Pompano Beach en Floride. Ces années-là, lors de
mes déplacements et voyages, j'apporte toujours dans
mes bagages mon fidèle kit de l'intervieweur qui contient
mon petit magnétophone portable, des piles de rechange,
quelques cassettes vierges et mon microphone, juste au
cas où. Et bien, pas aussitôt sur place à Pompano que je
remarque le lendemain matin au petit déjeuner dans une
annonce du journal de la place que l'un de mes chanteurs
falsetto préférés, le légendaire Jay Black, et son groupe
"Jay and the Americans", sont en spectacle ce samedi soir
prochain du 22 août au Dade County Auditorium. C'est à
peine à une quarantaine de minutes au sud de Pompano
sur la I-95, au cœur de la communauté cubaine appelée la
Petite Havane de Miami.

Crédit : Dade County Auditorium, Dept. of Cultural Affairs, City Seeker

Le majestueux Auditorium de Dade County, Miami

Crédit photo : Club Bene
Les compilations Jay & the Americans disponibles sur étiquettes
Liberty Records/UA/Capitol/EMI

Jay Black

Dans la pub du journal, on annonce que la première partie du spectacle de Jay Black sera assurée par un groupe qui m'est inconnu, The Miami Sound Machine. Je place un appel téléphonique rapide au directeur du divertissement du Dade County Auditorium et ce dernier me refile les coordonnées de la gérance de Jay Black. Non seulement est-ce que ma demande d'entrevue est accordée par les agents très accommodants de Monsieur Black mais lc gérant de sa tournée me met de côté un billet pour le spectacle ainsi qu'un laissez-passer backstage tout accès au guichet de la billetterie de l'Auditorium. Ça promet d'être une excellente conclusion aux vacances en Floride !

Suite à une belle semaine sous le soleil floridien qui tire à sa fin à Pompano, nous sommes samedi le 22 et me voilà à mon siège dans l'Auditorium qui affiche complet pour l'occasion. Le concert à Dade s'amorce sans faille et je suis très impressionné par la première partie du spectacle, cette formation, The Miami Sound Machine. Bien que la plupart de leur matériel ne me soit pas familier, il est indéniable que le groupe dirigé par les conjoints Gloria et Emilio Estefan est prometteur. Leurs rythmes pop à saveur latine sont contagieux et le public de la soirée est très engagé. Après tout, nous sommes dans la Petite Havane de Miami. Et puis, après un court entracte, pleins feux sur l'attraction principale, Jay Black and the Americans. Quel répertoire ! "This Magic Moment", "Come A Little Closer", "Walking In The Rain", "Some Enchanted Evening" pour ne citer que quelques-uns de leurs titres, et la grande finale signature, "Cara Mia". Jay Black, surnommé "The Voice", réussit toujours ses prouesses vocales, atteignant les fameuses notes aiguës, comme il le faisait dans les années 1960. Ovation debout après ovation debout ce soir. J'ai hâte d'interviewer ce héros de la musique Sixties.

Le spectacle est maintenant passé à l'histoire et je suis mené par les aimables membres du personnel de la production dans le couloir étroit de l'arrière-scène, près de la loge de Jay Black. Jay s'entretiendra avec moi une fois qu'il aura repris son souffle et se sera désaltéré. Il y a une autre entrevue à l'agenda qui l'attend, une conversation avec un journaliste d'un hebdo local de Dade County qui sera rencontré après moi. Alors que j'attends patiemment d'entrer dans la loge de Monsieur Black, deux personnes se pointent dans le couloir et se tiennent maintenant à mes côtés, près de l'entrée du vestiaire de Jay Black. Je crois reconnaître le couple de la Miami Sound Machine. La dame me dit :

"Bonjour, je m'appelle Gloria Estefan et voici mon mari, Emilio ; nous sommes du groupe The Miami Sound Machine et nous voudrions juste dire un petit bonjour à Monsieur Jay Black. Êtes vous ici en attente pour le voir ?"

Je réponds: "Salut à vous, oui, je me nomme Marc Denis, animateur-intervieweur de Montréal au Canada et j'ai une entrevue avec Jay et puis, par après, il est supposé d'être interviewé par le journal local, me dit-on".

Gloria Estefan : "Oh, OK. Nous voulions simplement le saluer, lui vouer notre admiration avant de quitter. Quelle voix, n'est-ce-pas ? Tout un artiste !"

Moi : "Mais Oui, tout un interprète, il l'a toujours après toutes ces années ! Écoutez, j'vais faire une affaire avec vous. Puisque dans votre cas c'est pour une salutation éclair, passez avant moi parce que je vais être là avec lui dans sa loge pour une bonne demi-heure".

Gloria et Emilio sont ravis et reconnaissants de ma suggestion et nous entamons une conversation en attendant que notre ami Jay Black apparaisse.

Gloria jette un coup d'œil à mon nom sur le laissez-passer backstage pendu autour de mon cou et me dit:

"Marc Denis ? Comment vous prononcez ça...c'est comme Mark...Dennis ?"

Je riposte : "Pas tout à fait. "Denis" c'est un nom français prononcé à la française. Pas Dennis mais bien "Denis". Avec un seul "N". Pensez à la prononciation de la partie du corps entre votre tibia et votre cuisse, soit "le genou"...ou, comme on dirait en anglais, "the knee"...Par conséquent, la bonne prononciation française de mon nom "Marc Denis" s'apparente à..."Marc De knee" !"

Gloria et Emilio sont très amusés par le jeu de mots et éclatent de rire. Et j'ajoute:

"Attendez. Comment dites-vous cette partie du corps "le genou" en espagnol ?"

Gloria s'exclame: "Le genou"..."The knee" ? Et bien...ce serait "La rodilla"...alors, le nom au complet serait "Marco La rodilla...hahaha !"

Je réponds: "D'accord, donc, non seulement aurez-vous rencontré Jay Black ce soir, vous pourrez dire que vous avez aussi croisé Señor "Marco La rodilla" de Montréal !"

(Rires collectifs)

Crédit photo : Sam Emerson, Epic Records
Les disques de Gloria Estefan et Miami Sound Machine disponibles sur
étiquettes Epic Records/CBS/Sony Music

Miami Sound Machine, 1983 :
Marcos Avila, Kiki Garcia, Gloria et Emilio Estefan

Nous sommes toujours en train de rigoler de notre nouvelle maîtrise de mon nom de famille qui sonne comme une jointure du corps, en français, en anglais et en espagnol, lorsque la porte de la loge s'ouvre et qu'il y a là un Jay Black resplendissant. Je cède ma place pour quelques instants à Gloria et Emilio Estefan qui jaillissent d'admiration envers la légende emblématique de la musique pop des années 1960, là en personne devant eux. Jay offre plusieurs compliments, louanges et mots d'encouragement à Gloria et Emilio pour leur band The Miami Sound Machine, le tout suivi de chaleureux câlins entre les trois. Après à peine quelques instants d'échange, le sympathique couple Estefan s'esquive et me voilà prêt pour ma rencontre avec la star des années 1960. En effet, Jay Black est un survivant du showbiz et il ne déçoit pas, ni sur scène, ni en conversation. Je sors de sa loge avec une interview en or sur cassette. Je finis par utiliser des clips audio de cette entrevue de 1983 à plusieurs reprises dans mes émissions radiophoniques, tout au long de mes années subséquentes de carrière, en particulier lorsque je tourne un hit de Jay and the Americans en ondes.

Crédit : Scrapbook MD

Marc avec Jay Black

Une avance rapide maintenant, un "fast forward" à trois ans plus tard, à l'été 1986.

Je suis engagé comme annonceur de scène pour le gigantesque événement en plein air, le Musicfest Miller qui se déroule au parc Jean-Paul II (*alias* le Parc Jarry) à Montréal, au cours des 11 derniers jours d'août '86. Chaque soir un ensemble différent de têtes d'affiche durant 11 journées consécutives. Les grands noms du jour. C'est énorme ! À l'été 1986, dire que la popularité du Miami Sound Machine a décuplé serait un euphémisme. Ils ont connu trois grands succès internationaux depuis 1983, soit "Words Get In The Way", "Bad Boy" et leur premier mégahit, la chanson signature, "Conga". Le band est en tête d'affiche de la 7ème soirée de l'événement grandiose. Les premières parties pour The Miami Sound Machine sur la scène principale du site seront assurées par le soutien des artistes Michael Damian et El Debarge.

Ma tâche principale en tant qu'annonceur de la grande scène est d'accueillir les artistes derrière l'énorme scène extérieure, dans la zone d'arrivée des autobus de tournée et des limousines, puis, de les diriger vers leurs roulottes ou loges et de leur demander s'ils requièrent une intro de ma part sur scène au moment du spectacle. Nous voilà maintenant le jeudi 28 août, le jour "Miami Sound Machine" au Musicfest Miller. Les membres du groupe arrivent pour leur vérification de son vers la fin de l'après-midi tandis que Gloria et Emilio Estefan arrivent ensemble peu de temps après, de leur hôtel dans une limousine noire. Je les attends anxieusement, me demandant s'ils allaient peut-être se souvenir de moi trois ans plus tôt en Floride. Alors que l'imposant véhicule s'arrête dans l'aire de stationnement en gravier à l'arrière de la grande scène, j'atteins vivement la poignée et j'ouvre la porte arrière de la limo du côté passager et voilà Gloria qui se penche la tête pour sortir pendant qu'Emilio sort de la limousine par la porte arrière, du côté du chauffeur. Je dis :

"Bonjour Gloria, welcome, bienvenida, bienvenue à Montréal !" Elle lève les yeux vers moi et me dit :

"Merci, nous avons vraiment hâte de donner ce concert en plein air ici ce soir à Montréal". Et puis, elle me regarde, fait un genre de double prise et ajoute:

"Dis-donc, tu m'as l'air familier..."

"Mais Oui, Gloria. Si je dis...Dade County Auditorium... ...Floride...Jay Black... 1983..."

"Attends...attends...ah...oh...OHH !...La rodilla...! MARCO LA RODILLA !!!"

"HAHAHA !! You GOT IT ! C'est la bonne réponse !!"

Elle se tourne alors vers son mari, l'interpellant avec grand enthousiasme:

"EMILIO ! EMILIO! Regarde !! Tu te souviens de MARCO LA RODILLA ??

Emilio hoche la tête avec approbation et sans hésitation, pointe à son genou:

"Ahhh...Sí ! Bien sûr ! Monsieur The knee, La Rodilla !! Haha ! Wow, quelle coïncidence ! Qu'est-ce que tu fais ici à ce parc de concert ??"

"C'est moi qui vous présente sur scène ce soir".

"Oh, wow, comme c'est cool !" répond Emilio tout sourire alors que lui, Gloria et moi échangeons un long câlin.

Crédit: Scrapbook MD
Les disques de Gloria Estefan/MSS et les articles promo
disponibles en ligne à GloriaEstefan.Com

Emilio Estefan, Marc et Gloria Estefan, 1986

Inutile de dire que cette rencontre a fait ma journée !

À l'heure de leur spectacle, je monte au microphone sur la scène et je présente The Miami Sound Machine avec en vedette, Gloria Estefan. En français, en anglais et aussi dans mon meilleur espagnol. La foule extérieure de plusieurs milliers de personnes au Parc Jarry se déchaîne à l'annonce. Lorsque je me retourne pour sortir des projecteurs, Gloria court sur la scène près de moi vers son pied de micro...mais, avant, elle fait un petit détour vers moi sur son chemin, me donne un ensemble de vigoureux "high five" des deux mains sur la scène et me lance très fort avec le plus grand sourire sur son visage:

"GRACIAS MONSIEUR LA RODILLA !...HÉ, ON S'REVOIT LA PROCHAINE FOIS !!"

Votre présentateur "Señor Marco La rodilla", lui retourne les gros pouces vers le haut en approbation.

Place maintenant à la "Conga" !

Crédit : Miami Sound Machine CONGA, courtoisie Epic Records, pochette single Limited Edition, EPCA 6361, # 01-006361-1

Pubs Concessionnaires **GM** / combo ESSO
1983, Montréal

JOHANNE BLOUIN,
1990, Montréal

AM 940 (CINW) Mornings

2008, 2009, Montréal

Tournage **SNOWJOB** Shoot, @ Champlain Prods,

Épisode "**CLASS REUNION**" episode,

Alumni, les Anciens : Marc Denis, Bill Sadler,

Nicholas Kilbertus, Sam Moore, Ron Robbins

(pour CFCF 12-CTV)

1983, Montréal

22

"AIE ! C'EST JOHNNY CARSON !?!"

Lieu : les Studios de la NBC, à Burbank, en Californie. Sandi et moi sommes en vacances dans le sud de la Californie et nous venons d'assister à un enregistrement du "Tonight Show" mettant en vedette le grand "Johnny Carson", le 28 mars 1984. Suite à une visite guidée des locaux avec les autres téléspectateurs présents pour cet enregistrement, nous sortons du bâtiment, en direction du stationnement de NBC vers notre véhicule de location. Et tiens...voilà Johnny Carson lui-même qui émerge de sa place de stationnement réservée, dans sa Corvette blanche et qui file vers la sortie tout juste à côté de nous. Je lui envoie la main. Johnny ne m'envoie pas la main.

Hum...euh...bon...veuillez tourner la page vers l'histoire suivante. Plus rien à voir ici.

Photo : Sandra Denis
Aux Studios de la NBC, à Burbank, CA, 1984

En coanimation avec

DAVE BOXER, CJFM 96

1981, Montréal

En audition de pub avec

DEAN HAGOPIAN,

2015, Montréal

Retrouvailles avec

MARC CARPENTIER

(alias **Scott Carpentier**)

2012, Réunion CKCH Hull

AL PASCAL,

2005, Ottawa

23

LES ASSISES DE "BOY GEORGE" : UN SIÈGE DE PREMIÈRE LOGE AU COEUR DU SIÈGE !

Bienvenue à nouveau en 1984.

Mené par l'extravagant chanteur Boy George au déguisement de travesti, à l'apparence androgyne et à l'attitude irrévérencieuse, le groupe pop new-wave Culture Club est hot. Très hot ! Ils sont en tournée nord-américaine, cette dernière qui débute à Montréal avec deux spectacles consécutifs à guichets fermés au Forum, samedi le 31 mars et dimanche le 1er avril. Dire que la ville est en effervescence serait un euphémisme. La "Folie Boy George" a déjà atteint le niveau hystérique à partir du moment où Culture Club atterrit à l'Aéroport de Mirabel en fin de matinée du vendredi 30 mars où ils sont aussitôt assaillis par une meute de 3,000 fans en délire.

Je suis pigiste à la radio et à la télévision durant cette période. L'un de mes contrats me voit en ondes les fins de semaine à la très tendance station de radio de Montréal, CKOI FM, située dans le quartier ouvrier de Verdun sur la rue Gordon. Parmi mes tâches, j'anime et je produis l'émission "Le Décompte CKOI", le compte à rebours hebdomadaire des hits contemporains français et anglais qui est diffusé de 10 h à midi pendant les deux premières heures de mon quart d'ondes du samedi, à l'horaire de 10 h à 14 h. La station exerce une influence importante dans le marché radiophonique du Grand Montréal et au Québec et parvient à tirer des ficelles majeures. Grâce aux habiles démarches de notre DG Bob Beauchamp et de la direction de la station, nous obtenons la seule entrevue exclusive accordée pour la radio avec Boy George et cie et je suis l'animateur désigné pour l'entretien avec le Boy Wonder et son Club.

Crédit : Claude Hébert

La console de la régie master, CKOI Montréal, 1984

Le groupe séjourne au chic Hôtel du Parc, dans les suites du penthouse qui assure une sécurité 24/24. Le fait que l'emplacement de l'hôtel de Culture Club lors du séjour en ville soit demeuré secret pendant la majeure partie de trois jours est remarquable en soi, compte tenu de la fureur et de la passion du moment. Je suis accompagné par Guy Brouillard, le directeur musical de CKOI pour la mission. Nous devons demander à la réception de l'hôtel pour "Bill". C'est le surnom de l'ami Pierre St-Georges, le dynamique représentant des promotions du Groupe Polygram pour le Québec, distributeur à ce moment-là pour la maison de disques de Culture Club, l'étiquette Virgin Records. Bill nous accueille chaleureusement et nous emmène en haut pour notre conversation privée de quarante-cinq minutes avec Boy George et les autres membres de Culture Club, soit, le guitariste Roy Hay, le bassiste Mikey Craig et le batteur Jon Moss. Bill nous présente, des plaisanteries sont échangées avec le groupe et voilà la bande d'enregistrement qui roule. Des quatre, Boy George, un individu étonnamment grand et imposant, est particulièrement en verve, amusant et plein d'esprit comme prévu et la rencontre est un véritable succès. Nous ne restons pas plus longtemps que prévu.

Photo : Guy Brouillard

Marc et l'entrevue avec Boy George à l'hôtel

Après des bons mots en guise de conclusion et quelques photos pour la postérité, Guy et moi remercions notre bon ami Pierre "Bill" St-Georges pour la coordination efficace et nous sortons de l'hôtel avec une entrevue vraiment excellente en poche, une qui fera partie d'un formidable spécial radio pré-enregistré et exclusif diffusé demain en fin de matinée.

Photo : Pierre St-Georges

**Boy George et quelques échantillons
de sa garde-robe bien garnie**

Le plan est que j'anime mon programme hebdomadaire
"Le Décompte CKOI" des grands hits de l'heure de 10 h à
midi en personne live, comme d'habitude. Ceci sera la
locomotive parfaite pour donner l'élan et la plus grande
visibilité au spécial pré-enregistré d'une durée d'une
heure, "Boy George et Culture Club", prévu entre midi et
13 h. Je terminerai ensuite mon quart d'ondes en revenant
de nouveau live entre 13 h et 14 h avec la programmation
pop rock régulière de la station et, il va sans dire, avec de
généreuses mentions de promotion des deux concerts
Culture Club du weekend au Forum.

Fondamentalement, tout ce que j'aurai à faire pendant
l'heure spéciale pré-enregistrée diffusée entre midi et 13 h
sera de m'asseoir et de me détendre relax aux commandes
dans le master, appuyer sur les boutons "Stop-Start" afin

de démarrer le spécial Culture Club depuis la grande
bobine quart de pouce, arrêter pour les pauses de pubs et
redémarrer le tout. Facile, mais oui ! Par contre, il y a
beaucoup de travail à faire pour créer cette heure spéciale
"Boy George et Culture Club" tant attendue d'ici là.

Nous retournons Guy et moi immédiatement à la station
à Verdun et nous sommes bientôt rejoints par le Directeur
général Bob Beauchamp, le Directeur des programmes
Bob Deboard et les ingénieurs de prod. Jean-Louis Vary
et Gaston Binet. Avec des contenants de "fast food pour
emporter" partout dans la pièce et un flot de café illimité
à nos côtés, nous commençons à travailler dans le studio
de production de CKOI en ce début de vendredi soir du 30
mars. Nous y allons des transferts, du montage, de la
traduction au français, de la captation de ma narration,
du mixage de la musique, des timings, encore un autre
café tiède, une dernière aile de poulet froide, alouette !
...pour enfin conclure. Tous les éléments sont encore une
fois vérifiés méticuleusement, un par un, et nous sommes
tous ravis de notre solide production, un spécial radio
exclusif "Boy George et Culture Club" de 60 minutes, clé
en main, sur bobine quart de pouce. Mais AIE ! Il est 2 h du
matin ! Nous quittons tous la station pour nos domiciles
respectifs, fatigués, brûlés mais max satisfaits et heureux.

Après beaucoup trop peu de sommeil et avant que je m'en
rende compte, je suis de retour à la station sur la rue
Gordon à Verdun vers 9 h du matin. Je gare ma voiture
dans le petit stationnement en face de l'édifice de CKOI et
c'est alors que je remarque environ une demi-douzaine de
jeunes adultes attroupés sur le trottoir devant les portes
vitrées de la station. Quelques garçons et trois ou quatre
jeunes filles. Ils rigolent, dansent et chantent à l'unisson
leur interprétation impromptue de "Karma Chameleon",

le mégahit de Culture Club qui a été # 1 pendant quatre samedis consécutifs tout récemment sur "Le Décompte CKOI". Ils sont tous vêtus de divers costumes colorés, à la Boy George. Chapeaux à grand rebord, robes, tresses, maquillages. Et ça ce ne sont que les gars ! Il va sans dire, "La Folie Boy George" est en plein essor et la frénésie a atteint le trottoir devant CKOI FM, la station de radio qui a été le plus ardent partisan de Culture Club dans le marché radiophonique montréalais dès les premiers instants.

Crédit : VanishingMontreal.Com

Le vieux bâtiment à toits plats construit dans les années 1910 sur la rue Gordon à Verdun, avec les portes vitrées à l'entrée. La bâtisse abrite CKOI FM, jusqu'au déménagement de la station à la Place Bonaventure dans les années 2000

J'envoie la main et je salue les joyeux fans et tout comme je glisse ma carte de laissez-passer pour entrer par les grandes portes vitrées de la station de radio, ils me demandent s'ils peuvent m'accompagner et rencontrer Boy George. Je leur rappelle que ce qui va être diffusé à midi après mon Décompte ce matin a été publicisé tout au long depuis plusieurs jours comme étant une entrevue PRÉ-ENREGISTRÉE que j'ai réalisée avec Boy George et ses camarades de groupe HIER SOIR. Il ne sera PAS ICI en personne. Il sera sur bande enregistrée. Je répète, sur BANDE ENREGISTRÉE. Ils semblent sceptiques, donnant l'impression qu'on essaie de les déjouer avec cette explication de "sur bande enregistrée". L'une des filles me dit carrément qu'elle pense que ce battage médiatique Boy George "sur bande enregistrée" à CKOI est une sorte d'écran de fumée de la part de la station pour décourager les fans à traîner sur les lieux afin que Boy George puisse se glisser dans la station et en ressortir en toute discrétion et sécurité.

"Hé, Marc, come on, seulement nous !! S'il te plaît, please, please, laisse-nous rentrer !! On va bien se comporter, on te promet ! S'il te plaît ! S'il te plaît !" supplie l'une des filles fardée à la Boy George sur le trottoir. Je répète encore poliment mais fermement que ni Boy George ni aucun des autres membres du Culture Club ne sont à la station ce matin et qu'ils ne le seront pas non plus cet après-midi...

Et j'ajoute: "Vous avez bien vos billets de concert pour Boy George, n'est-ce pas ? Et certains d'entre vous avez peut-être même gagné des billets gratuits de CKOI ces dernières semaines ? Oui ? C'est bien ! Comme vous, j'attends avec impatience leurs deux concerts au Forum. Nous devrions tous passer un très bon moment avec notre héros en personne sur scène ce soir et demain soir. Profitez-en, amusez-vous bien !" Je conclus en me glissant de travers entre les portes d'entrée vitrées de la station de radio, les verrouillant soigneusement derrière moi. Et pas une minute trop tôt. De plus en plus de fans accourent et s'ajoutent sur le trottoir devant la station CKOI. Beaucoup d'entre eux regardent dans les portes et cognent sur les vitres. Les accoutrements "Culture Club" deviennent de plus en plus extravagants de minute en minute sur le trottoir et sont en fait assez amusants à voir. Et il est à peine 10 h le matin du premier concert !

Je salue l'équipe de l'émission du samedi matin de CKOI en passant le master vers le bureau de Bob Deboard, local qui est au fond du corridor, de biais, derrière la salle de régie master. Deboard est de retour à son bureau depuis déjà un bon moment, après avoir dormi encore moins que moi, en prévision d'une grande journée de programmation.
Il a toasts et cafés en mains et me salue avec la facétieuse boutade "Hé, ça fait longtemps qu'on s'est vus...!" Parlant de voir, je lui demande:

"Bob, as-tu vu les fans fous, déguisés en Boy George, aux portes d'entrée devant la station ?"

"Ouais, Marc. Assez délirant merci cet engouement Boy George. C'est comme les "Folies Bergère" sur la rue !
Hé, j'ai tellement hâte d'écouter notre spécial que tu vas diffuser en ondes à midi. T'as vraiment fait un excellent travail, man. Très content de l'effort de l'équipe et en si peu d'temps ! Soit dit en passant, je viens tout juste de placer un appel téléphonique aux autorités policières pour les aviser et leur recommander de garder un œil sur la rue Gordon en particulier lors de leurs patrouilles cet après-midi, question de mesure de précaution, juste au cas où".

On se rapproche dès lors de 11 h 45 dans la seconde et dernière heure de l'habituel "Le Décompte CKOI" que je suis en train d'animer en direct. J'en arrive à la conclusion du compte à rebours musical, soit, le hit # 1 de la semaine en français et le # 1 anglais incessamment. Bob Deboard entre fréquemment dans la régie master lors du Décompte pour me tenir au courant de ce qui est maintenant devenu un scénario plutôt préoccupant à l'extérieur de la bâtisse. Nous jetons tous les deux des coups d'œil fréquents depuis le fond du couloir pour apercevoir une foule de fans sur le trottoir au devant des portes vitrées de la station, un attroupement qui est loin de s'amenuiser. Bob estime qu'ils doivent être environ deux, peut-être trois cents ou même davantage au moment présent.

Les cris de "NOUS VOULONS BOY GEORGE ! NOUS VOULONS BOY GEORGE !" sont maintenant assourdissants et peuvent être entendus non seulement à l'extérieur de l'édifice mais ils réverbèrent dorénavant à l'intérieur des bureaux. Et plus alarmant encore, un bon nombre de fans pressent maintenant en groupe contre l'entrée et secouent les portes vitrées, essayant de pénétrer de force. Nous avalons d'travers. Beaucoup d'travers. Voilà que cette situation n'est plus amusante du tout, elle est tout à coup devenue très inquiétante. Nous craignons pour notre sécurité à ce stade-ci. Deboard est à nouveau en mode proactif au téléphone avec la police. À peine deux minutes plus tard, une demi-douzaine de voitures de patrouille avec sirènes hurlantes et lumières clignotantes surgissent de tous bords, tous côtés dans le périmètre de la rue Gordon et des rues adjacentes et tentent de prendre le contrôle de la situation. Bob et moi sommes soulagés... à peine. La foule continue de se multiplier :

"NOUS VOULONS BOY GEORGE ! NOUS VOULONS BOY GEORGE !"

Il est midi et une autre édition hebdomadaire des hits du jour "Le Décompte" est désormais conclue. En ondes, j'avise les auditeurs de se tenir prêts pour l'exclusivité "Boy George et Culture Club", notre spécial de 60 minutes où sera entendu le meilleur de mon échange enregistré la veille à l'hôtel avec le Boy et son groupe ainsi que tous les hits de Culture Club...dans un moment, après la pause !

Ça fait environ quinze minutes que le spécial pré-produit roule en ondes sur bobine quart de pouce, ni plus ni moins en mode pilote automatique, lorsque je jette un autre coup d'œil dans le couloir. Les portes vitrées de l'entrée principale oscillent maintenant dangereusement d'avant en arrière, d'arrière en avant, alors qu'une chaîne humaine de trois ou quatre policiers tente de contenir la foule en dérapage qui presse de plus en plus vigoureusement de l'extérieur contre les portes. Bob Deboard est de l'autre côté de la vitrerie et peine à repousser les portes de l'intérieur, criant à travers l'ouverture:

"BOY GEORGE N'EST PAS ICI !! C'est l'entrevue d'hier que Marc Denis a faite avec lui à l'hôtel qui est diffusée en ce moment ! LES DEUX SONT SUR BANDE ENREGISTRÉE !!!".

Un gars crie par les portes : "BOULECHITE, MAN ! Marc n'est pas sur bande enregistrée !! Il a été vu plus tôt ! IL EST LÀ DANS LA STATION, TOUT COMME BOY GEORGE !!!"

Les portes oscillent maintenant plus que jamais, les clameurs se font de plus en plus fortes : "NOUS VOULONS BOY GEORGE !! NOUS VOULONS BOY GEORGE !!"

Oh, misère ! Pourtant, les ambitions de la station de radio étaient nobles et bien intentionnées dès le début mais le scénario en développement est devenu incontrôlable et vraiment affolant. Je retrouve mon siège devant la console dans le master pour effectuer une pause commerciale et je redémarre immédiatement en enchaînement le spécial pré-produit en ondes. Moi, le Boy et tout l'Club...sur bande enregistrée.

Soudainement, j'entends un fort claquement métallique.
Le son provient du plafond, là-haut dans le coin du studio
master. BON SANG, QU'EST-CE QUE C'EST ÇA ?? Voilà que
l'un des grands panneaux acoustiques du plafond bouge
là-haut...(?!?!)...et est en train d'être retiré lentement
pour révéler...une paire de jambes qui semble appartenir à
un homme...qui est assis là-haut sur la poutre du coin de
plafond avec ses pieds qui ballottent maintenant dans les
airs, tandis qu'un autre mâle derrière lui semble être en
voie de retirer le prochain grand panneau acoustique du
plafond suspendu. À ce stade-ci, je suis au-delà de la
surprise, je me lève d'un coup sec et je crie:

"HÉÉÉ !!! MAIS VOYONS DONC !?!?...QU'EST-CE QUE VOUS
FAITES LÀ !!??!!".

Deux voix quelque peu étouffées, très célestes, répondent
d'en haut: "Nous sommes venus pour voir Boy George.
Nous savons qu'il est là en bas !!!"

"AIEEEE !!! QUOI ??! VOUS ÊTES PAS SÉRIEUX !?! AIEEE !!!"

Je sors de la salle de la régie à l'épouvante et je cours dans
le couloir où Deboard est toujours sur place à appliquer de
la pression de l'intérieur contre les grandes portes vitrées
de l'entrée. Je lui hurle de permettre l'accès à quelques
policiers :

"BOB !! BOB !! TU N'CROIRAS PAS ÇA !!!! Y'a des cinglés
qui sont entrés dans la station !?! JE NE BLAGUE PAS !!
Le plafond suspendu au-dessus de moi dans le master
s'est tout d'un coup mis à bouger ! Et plusieurs des grands
panneaux acoustiques sont en train d'être retirés, sérieux !
Mais Oui ! En c'moment !! À L'INSTANT!! Par deux gars...

peut-être même plus !! Ils veulent voir BOY GEORGE...qui est sur BOBINE PRE-ENREGISTRÉE !!! AUCUN BON SENS !!"

Si ce n'était pas si déconcertant, ce serait drôle. Bob est à court de mots et nous tremblons tous les deux. À ce moment-ci, il doit y avoir au moins mille fans sur la rue Gordon et dans le secteur immédiat. Fort heureusement, d'autres voitures de patrouille sont arrivées sur place et la police réussit à rétablir un certain contrôle de la situation. Il y a même un véhicule d'une équipe de station de télévision sur les lieux, en toute apparence de Musique Plus, couvrant maintenant le chaos. Bob et moi parvenons à laisser glisser un trio de policiers à l'intérieur à travers les portes d'entrée et de verrouiller ces dernières de nouveau rapidement. Deux des policiers enjambent les escaliers à la course jusqu'aux deux étages supérieurs et le troisième flic se lance en trombe avec moi dans la régie master. Deux grands panneaux au plafond ont été retirés et reposent sur les tiges du grillage en aluminium mais il n'y a plus personne de visible là-haut sur les poutres.

À peine quelques instants plus tard, Bob fonce dans le master pour proclamer, à notre grand soulagement, que les deux autres policiers ont intercepté une paire d'ados dans le grenier désuet de l'édifice. Apparemment, ces derniers avaient trouvé une issue d'entrée par le toit, en escaladant le vieil escalier d'évacuation incendiaire à l'arrière de l'archaïque édifice de la station de radio construit dans les années 1910. Sur le petit toit plat du deuxième, ils avaient ensuite forcé les vieux loquets rouillés de la porte d'urgence en bois là-haut, s'étaient faufilés à l'intérieur de la toiture, accédant aux poutres des plafonds suspendus aux étages plus bas. C'est d'ailleurs par la même voie qu'ils tentaient en vain de fuir les lieux.

★ 225 ★

Quand tout revient au calme et que mon quart d'ondes beaucoup trop mouvementé se termine à 14 h, la police a déjà arrêté et accusé nos deux intrus zélés et un peu trop entreprenants d'introduction par effraction, d'intrusion et de méfait. Les policiers font un travail tout à fait magistral de dissipation de la foule, sans aucune autre arrestation ni aucun autre incident majeur à signaler.

Le directeur de la programmation de CKOI Bob Deboard et moi nous détendons dès lors avec deux bonnes bières dans son bureau, passant en revue les événements des vingt-quatre dernières heures, tout en essayant de donner un sens à tout ce qui s'est passé.

"Vas-tu au spectacle ce soir, Marc?" me demande-t-il.

"Oh que non !!" est ma réponse immédiate. "Je rentre à la maison pour retrouver Sandi et les enfants pour une bonne nuit de sommeil. Je pense que j'ai une VRAIE BONNE HISTOIRE à leur conter avant qu'ils aillent au lit ! En ce qui m'concerne, j'assisterai au deuxième spectacle de Culture Club, celui de demain soir, merci beaucoup !"

Le soir du lendemain, le 1er avril, c'est leur deuxième show et je me dirige vers mon siège au Forum quelques minutes avant que les lumières se tamisent et que le rugissement assourdissant de la foule explose pour Culture Club. Je suis assis dans la section réservée aux médias, juste une rangée et un ou deux sièges de biais sous celui du directeur musical de notre station, Guy Brouillard. Guy se penche vers moi, me tape sur l'épaule et me lance :

"Dis-donc, Marc, euh, j'ai entendu dire que notre spécial radio "Boy George et Culture Club" a été un tel succès hier que les cotes d'écoute ont littéralement DÉFONCÉ LE TOIT, HAHAHA!"

"Oh Guy, petit comique va ! Avec tout le respect que je te dois, en tant que comédien, je pense que tu fais un très bon directeur musical, haha ! Hé, on a travaillé fort sur ce projet, profitons du show, d'accord ! Et surtout, Guy, NE VAS PAS ME DIRE que le concert de ce soir est sur BOBINE PRÉ-ENREGISTRÉE !!" (Rires collectifs)

Et Culture Club allait bientôt chanter: ♪ "Karma, kahma, kahma, kahma, karma cha-me-leon, you come and go, you come and go, oh oh ohhh ! ♪"

Culture Club sur étiquettes Virgin/Polygram Distribution/EMI

Culture Club, de haut en bas : Roy Hay, Mikey Craig, Jon Moss. À droite : Boy George

Retrouvailles avec
MICHEL W DUGUAY,
2015, Montréal

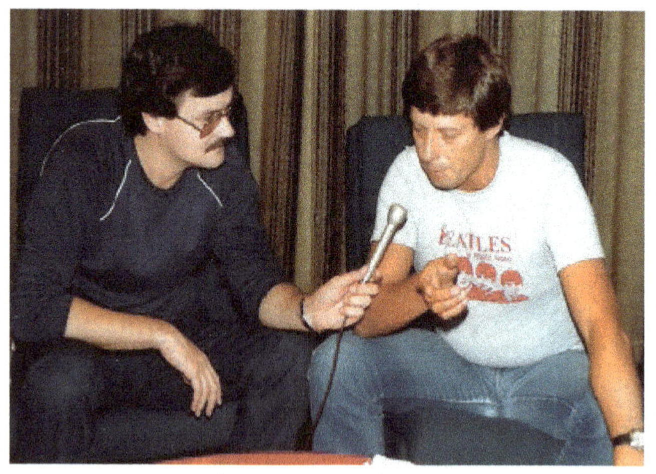

En conversation avec
ROGER SCOTT,
1983, Capital Radio, Londres

SHARON HYLAND, OMEGA MEDINA,

2019, Réunion "CKGM 60th", Montréal

STEVE ANTHONY, PETE MARIER,

2009, Réunion "CKGM 50th", Montréal

24

CHARLEBOIS AU MICRO :
"BONSOIR ! JE M'APPELLE...JAMES BROWN !"

Nous sommes le 26 août 1986 et c'est le jour 5 des 11 jours du Musicfest Miller au Parc Jean-Paul II (*alias* le Parc Jarry) à Montréal. Une gamme sans pareille de stars locales et internationales se produisent tous les après-midi et soir après soir sur les trois scènes différentes érigées pour l'événement. Et la programmation de la scène principale de ce soir ne fait pas exception : il y a le farfelu Kid Creole et ses Coconuts qui sont prévus pour 18 h 30, le "Godfather of Soul" James Brown à 20 h et l'iconique rockeur québécois Robert Charlebois à 21 h 30. Je suis le emcee présentateur de scène bilingue ainsi que le contact ressource à l'accueil dans les coulisses pour les artistes et leurs agents pendant les 11 jours. Qu'ils aient besoin d'une intro sur scène ou non, je suis là pour eux. C'est un travail tout à fait agréable et j'anticipe avec fébrilité et grand plaisir ce tiercé du mardi soir.

Vers 16 h, deux autobus de tournées s'acheminent vers le petit stationnement derrière, au bas de la grande scène principale, et se garent près des roulottes mobiles mises en place pour accueillir les différentes stars. Ce sont les musiciens et l'entourage de Kid Creole et de James Brown qui arrivent pour les vérifications sonores d'avant-show. Ils défilent tous hors des deux autobus un par un et, en un rien de temps, nous assistons à un match amical de basket et des élans impromptus entre les deux groupes autour de la paire de paniers de basketball portatifs temporaires en place près des roulottes mobiles. Près d'une vingtaine de gars qui rigolent, se défoulent et s'amusent rondement. Ce moment de détente loufoque dans le stationnement est un spectacle en soi. Entretemps, les musiciens de Charlebois fourmillent déjà sur la scène, affairés à mettre en place et à coordonner l'équipement commun, les instruments et les consoles du son. Pas de signe de vie encore d'August Darnell, *alias* Kid Creole, ni de ses trois pétillantes et frétillantes danseuses bombes blondes à la tenue vestimentaire toujours légère, les Coconuts. Pas de signe non plus de James Brown, ni de Robert Charlebois à ce stade-ci.

Il est maintenant presque 18 h 30 et tiens, qu'avons-nous ici ? Mais Oui ! C'est Kid Creole qui fait son arrivée au bas de l'arrière-scène dans toute sa splendeur colorée, prêt pour le show, sprintant les marches de l'escalier arrière de la scène principale, suivi de ses pétillantes et frétillantes danseuses bombes blondes à la tenue vestimentaire toujours légère, les Coconuts. Richard, le directeur de la production des concerts du Musicfest Miller et moi les suivons vers le haut jusqu'aux coulisses. Une foule appréciable est déjà rassemblée devant la scène, en anticipation du début du spectacle. De multiples familles s'installent maintenant dans l'espace de concert après avoir joui d'un bel après-midi de sensations fortes sur le site suite aux spectacles de la troupe Ringling Bros / Cirque Barnum & Bailey, co-promoteurs et co-commanditaires des onze jours du Musicfest Miller, en collaboration avec les brasseurs de la bière Miller. Les stations de radio CKOI et CHOM ainsi que la station de télévision CFTM 10 et Le Journal de Montréal sont aussi impliqués pour assurer le soutien promotionnel au festival. Personnellement, parmi mes tâches, j'ai aussi le mandat de livrer des reportages quotidiens depuis le site pendant les onze jours pour le bulletin de nouvelles télévisé de 18 h à CFCF 12 (CTV Mtl). Du pur plaisir. Il y a là une véritable atmosphère de foire campagnarde sur le terrain du Parc Jean-Paul II grâce aux clowns, aux échassiers et aux jongleurs qui serpentent les différents kiosques de restauration et les autres scènes de concert plus petites, tout en divertissant les foules.

Source : Scrapbook Marc Denis

Le pamphlet du programme et l'épinglette Musicfest Miller, 1986

En attente, je reçois enfin le signal sans équivoque de Marie-Claude, la régisseuse principale…et les projecteurs s'allument ! Les fans s'éclatent spontanément lorsque je leur présente Kid Creole et les Coconuts. Pendant une bonne heure, ils présentent tout un spectacle haut en rythmes et couleurs.

Pendant leur prestation, peu après 19 h, nous nous esquivons Richard et moi pour nous diriger vers la zone des roulottes mobiles derrière la scène en bas des escaliers pour aller aux nouvelles. On nous apprend que James Brown n'est toujours pas arrivé. Et il est attendu sur la scène dans moins d'une heure ! Pourtant, ses musiciens, les Soul Gs sont tous là, à l'extérieur des roulottes, vêtus de leurs smokings noirs et leurs noeuds papillon communs, sur souliers à miroir hyper brillants, tous allègrement en train de remplir à nouveau les paniers de basket pour passer l'temps. Ils ont l'air de l'équipe de basketball la "plus trop habillée" de tous les temps !

C'est tellement rigolo mais ce qui est moins drôle…où est donc leur capitaine d'équipe, leur patron James Brown ?

Voilà Robert Charlebois qui arrive et qui s'approche maintenant de nous dans le stationnement. Il est accueilli chaleureusement et on s'assemble tous les trois pour une réunion dans la roulotte de production de Richard. Bien que Charlebois doit clore la soirée à partir de 21 h 30, Richard recommande à Robert d'être prêt et en attente avec ses musiciens pour enchaîner après Kid Creole vers 20 h, au cas où James Brown ne serait toujours pas arrivé.

Crédit : Scrapbook Marc Denis
Charlebois Musique et Merchandising au RobertCharlebois.Com

Arrivée de Robert Charlebois à l'arrière-scène

Charlebois est d'accord et Richard se met maintenant frénétiquement aux commandes des divers appareils de communication dans la roulotte principale de la prod du Musicfest pour tenter d'obtenir des informations afin de localiser James Brown. On frappe à la porte.

C'est l'un des types de l'équipe "road crew" des Soul Gs, les musiciens de James Brown. Il dit qu'il vient d'être avisé qu'il y a eu une sorte de retard de liaison de vol et que James Brown n'arrivera maintenant à l'aéroport de Dorval que seulement vers 21 h. Oh-oh. C'est une heure après l'heure à laquelle il devrait être sur scène pour son show au Musicfest !

Kid Creole et les Coconuts ont maintenant terminé une brillante performance d'ouverture et sont généreusement applaudis par le public reconnaissant du Parc Jean-Paul II. Il est environ 19 h 45. Sur le terrain à l'arrière de la grande scène principale, les ravissants Soul Gs toujours tirés à quatre épingles ont délaissé le basket et se sont mis à jouer aux cartes et à se détendre dans leurs roulottes. Richard est au téléphone avec l'équipe du transport. Il est de toute évidence très tendu et inquiet au max. Il avait envoyé l'une des deux imposantes limousines Cadillac blanches avec le chauffeur et l'agent de liaison en chef au transport du Musicfest à bord, à destination de l'aéroport au moins deux heures plus tôt, pour accueillir et cueillir le "Godfather of Soul". Toujours pas d'arrivée. Richard prend la décision que le spectacle doit continuer :

"The Show Must Go On !"

Les commandes déferlent vivement sur les walkie-talkies de la prod et, un peu après 20 h, Marie-Claude me donne le signal côté scène pour sortir et présenter le grand Robert Charlebois. Langue dans la joue, Robert donne le coup d'envoi de la soirée en s'introduisant avec un retentissant "Bonsoir, je m'appelle... James Brown !" suivi d'une demande aux spectateurs de ...comment aiment-ils son "nouveau look" ! La foule rit de bon coeur et la scène est bientôt secouée au rythme des plus grands succès de la légende musicale québécoise.

Il est maintenant presque 22 h. Charlebois est sur scène depuis environ une heure et demie, le temps de show qu'il devait initialement livrer s'il avait clôturé la soirée. Je monte dans les coulisses périodiquement pendant son spectacle pour tenir Marie-Claude au courant du moment où James Brown peut être confirmé comme étant arrivé sur place. Toujours rien.

Soudainement, le téléphone de Richard sonne dans la roulotte. C'est son agent de liaison de transport dans la limousine à Dorval.

Liaison : "James Brown est arrivé et nous l'avons trouvé sur le trottoir aux arrivées, à l'extérieur, assis sur sa valise avec ses sacs de tenues de scène et son assistant à ses côtés !"

Richard : "YESSS ! Super ! Emmenez-le ici au parc... IMMÉDIATEMENT !!!"

Liaison : "Bien sûr. Mais il y a un problème. James Brown a refusé d'embarquer dans notre limousine..."

Richard : "....Euh...ET POURQUOI ??"

Liaison : "Il nous a dit en termes non équivoques que, et je cite, "James Brown ne roule jamais dans des Cadillac. James Brown ne roule que dans une Lincoln ! Donc, les gars, vous devez revenir avec une LINCOLN..."

Richard : "(JURONS VARIÉS IMPUBLIABLES !!!)"...

Liaison : "Rich, le chauffeur et moi sommes allés aux Locations Tilden à côté de l'aéroport, nous virons et on se dirige maintenant de nouveau vers le trottoir des arrivées. Je suis au volant de la Cadillac et notre chauffeur de limo est au volant d'une Lincoln Town Car noire que nous venons de louer. Plus petite mais c'est le seul modèle qu'ils avaient ce soir dans leur gamme de Lincoln. Nous récupérons M. Brown, son assistant et ses sacs de trucs sur le trottoir dans quelques instants. Nous devrions être de retour sur place au Parc Jarry avec vous dans une trentaine de minutes..."

Richard : "(Autres jurons variés impubliables !!!)...quand même bravo pour le revirement rapide, les gars! MAIS EMMENEZ-LE ICI...SUR-LE-CHAMP !!!"

Liaison : "10-4 patron !!"

Et voici donc une scène qui vous donnera sûrement un visuel inestimable. Imaginez une Lincoln Town Car, de taille moyenne, noire, à quatre portes, avec Mister Brown et son assistant Mister Ray enfouis serrés sur le siège arrière avec des sacs de tenues de scène et de capes, aux trousses d'une immense limousine Cadillac Fleetwood Brougham blanche, longue, multi-portes et surtout, très vide, les deux véhicules quasi pare-choc à pare-choc dans la noirceur d'un mardi soir d'août sur l'autoroute 20 est.

Je monte à nouveau l'escalier derrière la scène, lampe de poche à la main, pour informer Charlebois des derniers développements. Il est là derrière le rideau dans les coulisses, trempé de sueur, sa chevelure typique bouclée maintenant presque complètement à plat. Robert s'essuie la tête avec une serviette ou deux et est à reprendre son souffle en courte pause pendant que son band étire le temps avec un jam instrumental sur scène...

Moi: "Hé, Robert, James Brown est arrivé..."

Charlebois : "...FINALEMENT !! OK, j'retourne sur la scène pour terminer avec une dernière toune..."

Moi : "...Euh, tu voudrais peut-être planifier d'en faire plus qu'une..."

Charlebois: "Pourquoi !?"

Moi : "James Brown est arrivé...mais il est arrivé... à l'aéroport".

Charlebois: "QUOI !?"

Moi : " ...À l'aéroport. À Dorval. Non seulement son vol de correspondance et son arrivée avaient été retardées ou quelque chose du genre mais les gars du transport l'ont trouvé assis sur sa valise, à l'extérieur, sur le trottoir aux arrivées à Dorval, refusant d'embarquer dans la limo..."

Charlebois: "Pourquoi !?"

Moi : "C'est une Cadillac..."

Charlebois : "Et le problème, c'est...???"

Moi : "Ce n'est pas une Lincoln".

Charlebois: "QUOI!?"

Moi : "Bob, on me dit que James Brown ne se déplace qu'en Lincoln. Est-ce un détail stipulé dans son "rider" de contrat qui a été manqué ou oublié...ou...est-il tout simplement fatigué et pas de la meilleure humeur suite à une très mauvaise journée...ou...la somme de tout ça. Qui sait ! Quoi qu'il en soit, les gars du transport ont réussi à trouver et louer une Lincoln à l'aéroport et les deux véhicules sont en route de Dorval pour ici au moment où l'on s'parle..."

Charlebois: "(Juron québécois qui débute par "TABAR" et qui finit par "NAK" !!!)"

Notre Charlebois national, évidemment peu enchanté, me fait promettre de revenir pour leur donner le signal à l'instant où Brown arrivera sur les lieux. Il saute ensuite sur scène pour rejoindre son groupe qui avait admirablement bien étiré le temps avec une improvisation spontanée d'un blues rock bien musclé. Ils lancent rapidement quelques chansons du répertoire de Charlebois qui n'étaient pas prévues au programme, encore moins répétées pour la soirée. Toujours pas de "Parrain du Soul" américain en vue mais la foule adore le sens du spectacle du grand pro qu'est le "Parrain du Rock Québécois", Robert Charlebois.

Il est maintenant 22 h 30. La Cadillac et la Lincoln arrivent enfin, simultanément et en trombe, derrière la scène.

J'ouvre la porte arrière de la Lincoln, j'accueille un James Brown visiblement fatigué et je saisis l'occasion pour me faire prendre rapidement en photo avec lui et pour diriger notre célèbre voyageur et son assistant sans doute déboussolés par le décalage horaire vers leur roulotte.

Avec tout le tact et la diplomatie qu'il peut rassembler, Richard, le directeur de la production, prend le relais à partir d'ici, soulignant habilement à James Brown, à Mister Ray et compagnie de l'urgence à l'horaire, avec aucun temps à perdre. Je me précipite une fois de plus avec ma lampe de poche sur les escaliers de l'arrière-scène vers les coulisses et je donne à la régisseuse Marie-Claude un ferme ensemble de pouces vers le haut. Robert conclut ce qui doit avoir été un neuvième rappel à ce stade-ci (!), un spectacle à la fois inattendu et prolongé au cours duquel il performe son tout premier gros hit de la fin des années 1960, "Lindberg", ainsi que son plus récent succès du début des années 1980, "J't'aime comme un fou", au moins deux fois chacun ! Robert Charlebois reçoit une longue ovation debout bien méritée et me voilà à nouveau au micro sur la scène pour remercier Robert et la foule et, bien sûr, pour aviser les fans que "Soul Brother Number One", James Brown s'en vient...UP NEXT !

Je dois mentionner ici qu'à toutes les fois où je croise Robert Charlebois dans les années subséquentes, cet épisode complètement fou impliquant notre ami James Brown au Musicfest Miller de 1986 revient toujours dans les conversations et provoque des éclats de rire entre nous à chaque fois.

Et donc, en cette très longue journée du 26 août 1986, et avec les autorités montréalaises du couvre-feu et du bruit qui frappent à nos portes, James Brown conclut un spectacle énergique quelque peu raccourci qui se termine sur le coup de minuit devant les fidèles toujours présents. Malgré tout, il parvient à livrer ses succès les plus connus, y compris "Papa's Got A Brand New Bag" et son récent retour sur les palmarès musicaux, le succès "Living In America" de la bande sonore du film "Rocky IV". Peu après les dernières notes, tout le personnel technique sur place ferme boutique avec promptitude et rentre à la maison.

Nous sommes tous épuisés après ce 5 ième chapitre extrêmement exigeant du Musicfest Miller mais nous avons déjà hâte d'affronter la 6 ième journée dès le lendemain. Ce sera Elton John sur la scène principale, parmi d'autres faits saillants.

Quant à James Brown, on le voit quitter l'aire de stationnement du Parc Jean-Paul II pour se rendre à son hôtel accompagné de son assistant Mister Ray, un peu avant 1h du matin.

Et oui. Dans la Lincoln.

Crédit : Scrapbook MD
James Brown Music et articles promo disponibles en ligne à JamesBrown.Com

Vous cherchez James Brown ? On l'a trouvé, mais oui !

TOMMY SHANNON,

2005, Ottawa

PAT HOLIDAY,

2003, Québec

ROGER ASHBY, MD, GORD JAMES,

Plus de cent ans de radio dans cette photo

...et ça ce n'est que l'ami Ashby !

2006, Toronto

RICHARD PROULX,

2005, Ottawa

25

RENCONTRER UN BEATLE OU L'EFFROI DE BÉGAYER DEVANT LUI COMME "PORKY"

Sylvie chuchote bruyamment vers nous, contenant à peine son excitation :

"IL S'EN VIENT !! IL S'EN VIENT !!"

Cette exubérance provient de Sylvie Brunetta, directrice des relations publiques et coordonnatrice de concerts pour le promoteur Donald Tarlton et l'une des dynamiques sœurs Brunetta qui travaillent dans les bureaux de M. Tarlton aux Productions DKD. Avec un walkie-talkie et son presse-papiers en mains, c'est la troisième fois que Sylvie revient du long couloir, à mi-course, mi-pointe des pieds, pour réapparaître dans le Salon principal du Forum de Montréal, domicile des Canadiens de Montréal et à de milliers de concerts et spectacles de tous genres, de 1926 à 1996. Et sur la liste des événements du Forum à vie, celui-ci est majeur. ÉNORME.

Je représente la programmation de l'audio de bord d'Air Canada ce jour-là et je fais partie d'un petit groupe sélect d'une quinzaine, peut-être d'une vingtaine de membres des médias accrédités qui fourmillent dans le Salon. Et pour Sylvie Brunetta, ce troisième sprint dans le couloir est le bon.

On est en milieu d'après-midi, le 9 décembre 1989 *. Paul McCartney n'est pas apparu en spectacle à Montréal

★ 245 ★

depuis la visite éclair avec ses confrères des Beatles, John Lennon, George Harrison et Ringo Starr, dans ce même édifice, pour deux concerts le 8 septembre 1964. Il y a 25 ans. McCartney est en tournée en soutien à son nouvel album "Flowers In The Dirt" et au 45 tours principal de l'offrande, le tube "My Brave Face", une chanson écrite par Paul en collaboration avec Elvis Costello. La pochette de l'album est de bon goût et fort réussie, une réalisation de sa conjointe, âme sœur et membre du groupe, Linda McCartney, et le produit complet est plutôt bien reçu, autant par les critiques que par les fans.

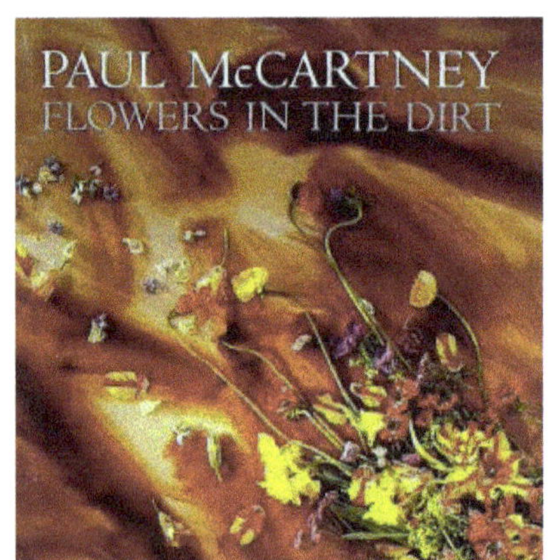

Crédits : Les disques Capitol Records & Tapes, MPL, 1989, Collection MD

Le vinyle "Flowers In The Dirt", la cassette "My Brace Face", 1989

L'anticipation est palpable partout en ville et elle est certainement amplifiée dans la salle. Mes collègues des médias autour de moi installent leurs caméras et leurs enregistreuses dans un silence total, se saluant que discrètement. L'on pourrait entendre une mouche voler.

Est-ce parce que ça ne fait que trois jours depuis l'épouvantable massacre de l'École Polytechnique * à Montréal qui pèse lourd sur tout le monde ? Ou est-ce à cause de l'ampleur et de l'aura de la superstar qui nous rend visite ? Ou peut-être un peu des deux ? Toutes les conversations qui se déroulent entre mes collègues sont chuchotées à l'oreille. C'est un peu comme si nous sommes des fidèles à l'église, en anticipation d'une sorte d'apparition divine, une arrivée qui promet d'offrir un moment de réconfort à une ville et une société encore sous le choc de l'événement tragique d'il y a à peine trois jours. Néanmoins, la pièce est plongée dans un étrange silence.

Et soudain...

Oh my God. Le voilà, tournant le coin du couloir vers le Salon, accompagné d'une rayonnante Sylvie Brunetta et entouré par le service de sécurité du Forum et de l'attaché de presse de la tournée, Derek Taylor, serrant son walkie-talkie. Le silence est maintenant brisé par le son d'un grand souffle coupé collectif lorsque le personnage tant attendu entre dans la pièce. C'est lui. C'est LUI.

C'est...PAUL McCARTNEY. Seigneur pincez-nous. Pincez-MOI ! Paul lance un cordial "Hello everyone, Bonjour ! It's been a long time Moe-ray-al !" alors qu'il s'achemine vers la table de presse pour y prendre place. Le Beatle iconique pointe vers la tasse de thé qu'il a en main, expliquant qu'il tente d'apaiser un léger surmenage des cordes vocales dû aux exigences de la tournée. C'est à ce moment-là que

Derek Taylor prend le micro et décrit l'ordre des procédures.

Taylor : "Bienvenue à tous. Paul a un test de son dans une demi-heure en bas. Tous les médias accrédités et les groupes de presse présents ici auront l'occasion de poser deux questions chacun et il n'y aura absolument aucun autographe donné par M. McCartney, ni aucune photo prise par la suite".

QUOI ??? Je regarde autour de la salle. Toutes et tous présents semblent être en train de penser la même chose que moi : "Hummm, OK...si vous l'dites..."

Nous avons tous nos appareils d'enregistrement branchés dans la console de mixage centrale au pied de la table de presse. Je me trouve les coudes serrés, assis en quelque part entre les journalistes et les collègues de Radio-Canada, CBC Mtl, TVA, CTV Mtl, Musique Plus, le journal The Gazette, La Presse, le Journal de Montréal et une couple de stations de radio. Val Damico et Richard Gamache, les aimables représentants de Capitol Records Canada, sont aussi présents et se fondent au groupe. J'attends patiemment mon tour pour m'adresser à Paul. Il est hors de question que je rate ma chance. J'ai attendu 25 ans pour ce moment. Vous ne pouvez pas me manquer, je suis maintenant debout, le bras en l'air pour attirer l'attention de Derek Taylor. Il me remarque enfin et me signale d'y aller. J'ai maintenant l'attention de Paul McCartney. Il prend une autre gorgée de thé à la table et me regarde maintenant en anticipation de mes questions.

Seigneur, s'il vous plaît, ne me faites pas sonner comme le porcelet bégayeur "Porky Pig" tout droit sorti d'un dessin animé des Looney Tunes. *"Yabadee, yabadee, yabadee..."* S'il vous plaît, NON. Avec l'adrénaline qui pousse au max, j'adresse ma première question au héros du jour :

"Salut Paul, je m'appelle Marc Denis et je représente la programmation audio de bord de la compagnie aérienne Air Canada..."

McCartney : "Hello Marc. Gentil de vous être envolé pour Montréal ! (Rires collectifs dans la salle) C'est ce que nous avons fait nous-mêmes. Serez-vous au spectacle ce soir ?

Moi : "Ohh que oui, c'est là que je prévois atterrir !"
(Encore plus de rires dans la salle)

..."Et je vais aussi produire et animer un Spécial McCartney bientôt pour le système audio à bord des avions de la compagnie aérienne, avec votre musique accompagnée de vos propos de cet après-midi. Par conséquent, Paul, ma première question à vous est la suivante: Je me suis toujours demandé ce qui vous a amené à adopter la fameuse guitare basse Hofner en forme de violon comme votre basse de choix depuis le début ?"

McCartney : "Eh bien, ce qui m'a attiré à l'origine à cette basse, c'était qu'étant gaucher, je jouais toujours d'autres basses tournées à l'envers, et à cause de la découpure de la forme des guitares et de l'arrangement des "pick-ups" et de tous les boutons, elle avait toujours l'air anormale et je devais aussi la retourner et réarranger les cordes. Et l'avantage avec celle-ci...

(Paul pointe vers une affiche à proximité de lui sur le mur, sur laquelle il tient sa basse Hofner)…

…c'est qu'elle a l'air symétrique, vous savez, les formes égales d'un violon, donc, même si vous la retournez d'un côté comme de l'autre, ça n'a pas l'air si fou pour un gaucher et en plus, je n'avais pas beaucoup d'argent à l'époque, je travaillais sur les scènes à Hambourg en Allemagne et elle m'avait coûté environ 30 livres sterling. Je n'aimerais pas vous dire combien elle coûte ces temps-ci, hoh, elle a augmenté un peu…

…(pointant à nouveau vers l'affiche à proximité)

Crédit : Capitol Records, 1989

Paul tenant sa basse emblématique Hofner en forme de violon

McCartney : ...celle-là est l'une de mes originales, j'en ai eu quelques-unes, et, euh, il y en a eu une qui m'a été volée...mais celle-ci ici, vous voyez un peu de plastique sur le dessus, sur le côté. C'est la véritable liste des chansons du concert Beatles de Candlestick Park. C'est un petit morceau de papier sous le plastique sur lequel on peut lire "Rock 'n Roll Music", "Baby's In Black", "I Feel Fine", "I'm Down" et la liste se termine avec le titre "Yesterday"...mal épelé, avec une faute d'orthographe, hah ! Voilà !"

Moi : "Intéressant. Comme plusieurs, j'ai toujours voulu savoir. Merci pour ça. Ma deuxième question, Paul, et je me demande si c'est une question un peu injuste à poser mais je me risque quand même : Si vous aviez à choisir une seule chanson, une seule du grand catalogue des Beatles comme votre préférée absolue, quelle serait-elle ?"

McCartney, sans hésitation : "La chanson "Can't Buy Me Love "...Et ma théorie est que...cette chanson t'arrive directement avec l'accroche, le refrain. Il n'y a pas, genre, de "Ta dum, ta dum, dum, dum, wah !" Elle commence directement avec : "CAN'T BUY ME...(se coupe le souffle) HA-HH ! Ça vous frappe tout de suite, vous n'avez pas le temps de reprendre votre souffle. Et c'est une de ces chansons qui vous ramènent dans vos souvenirs au moment exact. Donc, "Can't Buy Me Love" serait la bonne. Et tiens, je vous lance un "teaser alert", vous pourriez peut-être l'entendre ce soir celle-là !"

À ce stade-ci de la mêlée, l'attaché de presse Derek Taylor s'impatiente de plus en plus et indique que la conférence de presse doit se terminer bientôt car Paul est requis pour le "soundcheck" en bas sur la scène. Les journalistes lèvent toujours les bras en persistance pour des questions et McCartney répond toujours avec empressement. Pendant que ceci se poursuit, je me faufile discrètement de plus en plus près du côté de la table de presse. Sylvie Brunetta me remarque, me sourit et me fait un clin d'œil. Et puis, voilà que Taylor déclare en termes non équivoques que la conférence de presse est terminée. Ce qui se passe ensuite est absolument surréaliste. Les quinze à vingt accrédités médiatiques assemblés dans le Salon, jusqu'à maintenant sages et bien élevés, se lèvent d'un coup et prennent d'assaut la table de presse. Paul est maintenant debout, les gardes de sécurité sont prêts à intervenir et Derek Taylor, walkie-talkie encore à la main, secoue de la tête comme un maître d'école découragé qui aurait perdu le contrôle de sa classe de maternelle au son de la cloche de récréation. Et vous pensiez qu'il n'y aurait pas signatures d'autographes par la suite, Monsieur Taylor ? Détrompez-vous. Un journaliste sort le vinyle "White Album" des Beatles de son imperméable, un album double qui avait mystérieusement trouvé niche sous son bras, entre aisselle et poitrine, pendant la majeure partie de la dernière heure ou deux:

"Paul, s'il vous plaît, dédiez-le "À Michel" ?!"

Un autre collègue se fraye un chemin parmi la cohue à la table, agitant son album vinyle "Band On The Run" qui est sorti de Dieu sait où:

"Paul, pourriez-vous signer mon disque, please, oui ?...et le dédier à "Stéphane"...avec un accent aigu sur le premier "É" et avec un "E" sans accent à la fin ??!!"

McCartney s'y plie volontiers.

Deux femmes de l'un des journaux debout près de la superstar tentent de s'aligner pour une photo à côté de Paul mais sont rapidement interceptées et retirées. Voilà que des flashs de quelques caméras apparaissent comme par magie hors des sacs à main et des cartables, illuminant le Salon. Tous reçoivent le mauvais œil de Derek Taylor. Un journaliste à l'avant de la table annonce fièrement à Paul qu'il avait assisté au spectacle des Beatles dans cette même enceinte du Forum en septembre 1964 exactement 25 ans plus tôt. McCartney répond sourire en coin, "Vous n'avez pas l'air d'un jour plus vieux que 64 !" au plus grand plaisir de tous et il signe l'offrande du journaliste, sa copie immaculée du 45 tours sur étiquette Capitol Records de "I Want To Hold Your Hand".

À ce moment précis, je me tiens juste à côté de mon héros et pourtant, à chaque fois que je place ma photo de Paul McCartney sur la table pour qu'il la signe et qu'il tend la main pour la signer avec son stylo Sharpie, mes collègues des médias un peu trop exubérants ne cessent d'empiler leurs trucs par dessus ma photo pour les faire signer.

Je dois faire quelque chose au plus vite parce que Derek Taylor s'approche de la table de presse et indique à Paul qu'il doit partir. MAINTENANT. Oh-oh...

Cette opportunité d'une vie est en train de me glisser entre les doigts. Je dois agir. MAINTENANT.

Avec tout le sang-froid que je peux rassembler, je tire ma photo de presse McCartney de sous les couches de souvenirs accumulées devant Paul, je le tape doucement sur l'avant-bras et je chuchote :

"Bonjour à nouveau, Paul, c'est Marc d'Air Canada. Pourrais-j'obtenir votre meilleur "To Marc" sur ceci...et le "Marc" qui se termine par un "C" ?"

McCartney me regarde, sourit et se penche avec son stylo Sharpie sur ma photo de presse McCartney et murmure :

"Marc" avec un "C", oui ? Mais certainement...et voici... "À Mar-C"...dans la belle gamme de Do-"C "-Do !"

Moi : "Hah. Merci beaucoup pour ça Paul...et un grand merci aussi pour avoir écrit et fourni la bande sonore de ma vie. Rendez-vous ce soir, see you tonight !" je réponds.

McCartney hoche de la tête en ma direction : "Oh yeah !"

Je me retire de la mêlée serrant mon précieux souvenir et me dirige sans plus tarder pour récupérer mon appareil d'enregistrement de la console de mixage à quelques pas de la table de presse. Juste à temps. McCartney est maintenant entouré d'agents de sécurité et nous envoie tous la main en quittant la pièce, tout en s'exclamant dans son meilleur français :

"Merci ! Ce soir, mes amis, ce soir !"

Notre maître d'école improvisé Derek Taylor dirige rapidement tout son monde hors de la pièce. La récré est terminée. Et à mon grand soulagement, "Porky Pig" n'a pas eu le meilleur de mes émotions lors de mon échange avec Monsieur McCartney et, en finale, je n'ai pas perdu la face. Même que j'ai plutôt réussi à me saisir et à présenter "My Brave Face". Merci mon Dieu !

Ce fut tout un après-midi. Et une soirée encore plus glorieuse au Forum de Montréal, ce 9 décembre 1989 quand les lumières s'éteignent et que le spectacle s'amorce sur le coup de 20 h...

Choses à réaliser sur ma "Bucket List" : Rencontre avec Paul McCartney. CHECK !

* **Notes additionnelles** ♪♪: Le concert tant attendu de McCartney à Montréal a lieu seulement trois jours après l'horrible massacre de quatorze femmes aux mains d'un tireur misogyne en crise à l'École Polytechnique, avec quatorze autres étudiantes et étudiants blessés. Paul aborde l'éléphant dans la pièce et commente le sombre événement avec empathie et offre des mots de sagesse et d'espoir lorsqu'une journaliste lui demande ses réflexions dans les premiers moments de la rencontre de presse.

Il s'attarde à nouveau sur la tragédie plus tard dans la soirée lors de son concert, en dédiant le classique des Beatles "Let It Be" à la mémoire des victimes et de leurs familles en deuil. Il y a des larmes de tristesse ce soir-là au Forum de Montréal mais aussi, des larmes de joie.

Un baume sur l'âme d'une ville en deuil, signé :

"Paul McCartney"

Crédit : Photo de promotion, Capitol Records, 1989, Scrapbook Marc Denis

Mon souvenir autographié "Paul McCartney"

ROBERT ROSS, MD, ALAIN DUFRESNE,

2016, Québec / Montréal

"BANANAS FROM SUNNY QUÉBEC" /
"LES AVENTURIERS DU RÊVE",

Shoot / Tournage : Mark Marut ("Harry Connor"),
Gordon Masten ("Mr. Connor", father/père),
Marc Denis ("Marcel Doucet", le voisin/the neighbour),

1992, Laval-sur-le lac, Qc

BEACH BOYS (Brian, Mike, Carl, Bruce, Al),
1990, Montréal

Amis en vacances,

BOULE NOIRE (Georges Thurston),

1976, Bridgetown, BRDO

26

"FRANKIE VALLI"
ET LES "QUATRE ASSAISONNEMENTS"

Champlain Valley Fairgrounds, Essex Junction au Vermont, USA, le 11 mai 1989. Après le splendide concert de Frankie Valli et de son groupe les Four Seasons, je suis dans la suite d'hôtel de Frankie. Notre entretien enregistré se termine, il m'invite à rester pour de la pizza qui vient juste d'arriver, toute chaude et abondamment assaisonnée de :

1) double poivrons **2)** double champignons **3)** double pepperoni **4)** double fromage. MIAM..DOUBLE DÉLICE !!

Fin.

Scrapbook MD. Les disques F. Valli / 4 Seasons au FrankieValliFourSeasons.Com

Frankie Valli, Marc Denis

LA "CONNECTION" FRANÇAISE,

Rob Christie, Marc Denis, Scott Carpentier,

Panneau de promotion pour autobus

1976, CKGM Montréal

LA "CONNECTION" FRANÇAISE,

Rob Christie, Marc Denis, Scott Carpentier,
La re-"Connection" du 35 ième,
The 35th Anniversary re-"Connection",

2011, Kirkland Qc

CKGM 50th ANNIVERSARY ALUMNI REUNION,
Rob Christie, Marc Denis et nos invités musicaux
Toulouse (Liette, Lori, Judi) et Martin Stevens,
2009, Montréal

NANCY MARTINEZ,
Tournoi de golf de l'ACDM
1994, Montréal

27

EN VISITE CHEZ PAGLIARO, LA TABLE EST MISE :
"J'ENTENDS FRAPPER...LES BOMBES !"

Mon chanteur rock canadien préféré depuis toujours est le québécois Michel Pagliaro. Il l'a toujours été. Plus souvent appelé simplement de par le diminutif de "Pag", la chance comme les circonstances ont fait qu'il devienne ma toute première entrevue en carrière en tant qu'annonceur d'une radio professionnelle, soit, à la station CKCH 97 à Hull, au cours des années 1971, 1972 et 1973. C'est un moment fort exaltant mais combien angoissant pour le jeune débutant de la radio que je suis à l'époque, vu l'allure à la fois énigmatique et intimidante de Michel Pagliaro, ce dernier toujours fidèle à lui-même jusqu'à ce jour.

Crédit : Stephen Pagliaro
Les disques Michel Pagliaro et merchandising disponibles en ligne à Pagliaro.Ca

Michel Pagliaro

Au début des années 1970, Pagliaro jouit d'une grande popularité et d'un profil élevé avec des succès en français et en anglais, simultanément, sur les palmarès à travers le pays. "J'entends frapper", "Fou de toi", "J'ai marché pour une nation" et "M'lady" deviennent rapidement des hymnes classiques sur les charts en français. Plus tard il y aura, entre autres, les hits "Les bombes" et "L'espion" tandis qu'en anglais, il se distingue au tournant des années 70 avec "Loving You Ain't Easy", "Some Sing Some Dance", "Rainshowers" et "What The Hell I Got". Il s'avère que Michel et moi allions renouer à plusieurs reprises dans les décennies qui suivent, suite à cette première rencontre du début des années 70 à la radio de CKCH dans la région de l'Outaouais. Nous nous croisons principalement dans des événements sociaux et dans des contextes médiatiques tels que des radiothons ou des téléthons, en coulisses de ses concerts ou de ceux d'autres artistes. Ou simplement lors de rencontres tout à fait par hasard dans les clubs ou les restaurants du centre-ville de Montréal.

En juin 1990, je viens tout juste d'amorcer une longue séquence d'années en tant que producteur, animateur et fournisseur de l'émission rétro bilingue "Coffee, Tea or... Pop ! / Aéropop !" pour le système d'audio de bord de la flotte d'avions d'Air Canada. Michel Pagliaro est un sujet d'entrevue idéal en vue de l'une de mes nombreuses productions, particulièrement grâce à son catalogue musical connu et apprécié par le public dans les deux langues officielles du pays.

Après avoir confirmé une rencontre par l'entremise de sa gérance, Pag accepte de me rencontrer un jour de congé à son loft de pratique qu'il loue à ce moment-là, au coin de St-Antoine Ouest et de la Montagne à Montréal, et qu'il utilise comme espace de répétition avec ses musiciens en vue d'une prochaine tournée multi-villes au Québec. Ce loft du deuxième étage est vraiment vaste. Il y a une batterie, des guitares, des claviers et des équipements sonores stratégiquement placés sur des tapis persans d'un côté, tandis qu'il y a une cuisine avec une couple de tables de pique-nique, une machine à café dernier cri, un poêle, un four à micro-ondes et toutes les commodités, de l'autre. Il y a aussi des lits superposés, des sofas et des salles de toilette à proximité dans le loft si vous devez rester pour la nuit. Il y a même une table de ping-pong !

Les musiciens de Pagliaro sont en congé ce lundi après-midi de juin. Michel y est seul là-haut cette journée-là et il m'offre un café de la belle machine dernier cri. Tandis que je m'installe avec mon équipement d'enregistrement portable, nous continuons à bavarder et à rattraper les années. Il évoque même notre première rencontre et l'entrevue à la station de radio de Hull d'il y a près de vingt ans auparavant ! Wow, il s'en souvient. J'imagine qu'un artiste n'oublie jamais une entrevue où un jeune novice devant lui est tellement nerveux que le microphone de ce dernier lui fait des triolets rythmiques en plein visage ! Michel me taquine sans méchanceté, nous rigolons et la table est mise pour notre entrevue, édition 1990. J'appuie sur le bouton Enregistrer de mon appareil et l'interview est en cours. Des questions et des historiettes en français, des souvenirs et des anecdotes de carrière en anglais, nous alternons entre les deux langues avec aisance. Pag est en bonne forme et particulièrement loquace en cet après-midi d'été. De mon côté, je suis plutôt comblé et reconnaissant envers lui pour ce bel apport. Ses propos que j'apposerai à ses chansons et à ma narration vont me permettre de créer l'un des meilleurs programmes sur les ailes d'Air Canada à date, un show à saveur pancanadienne qui sera certainement un hit auprès des passagers de la ligne aérienne. Voilà que nous avons terminé et que j'emballe mon équipement portable lorsque Pagliaro pointe vers la table de ping-pong et dit:

Pag : "Marc, tu joues ?"

Moi : "Bien sûr !", je réponds, "J'étais pas mal bon dans l'temps. Allez, une pour la route, Michel, let's go man !"

Pag empoigne une raquette, je prends l'autre et c'est parti. Je sers en premier.

Il me retourne la balle de ping-pong, par-dessus la table, l'évitant complètement, BANG, la balle directement sur ma raquette. Bon. J'me dis : "D'accord. J'ai dû servir un peu trop vite et il n'a pas été en mesure de la retourner correctement".

Je sers à nouveau mais un peu plus doucement. Il évite complètement la table, BANG, me plombe une autre bombe encore directement sur ma raquette. À ce stade-ci, je pense: "Beh voyons. Qu'est-ce qui se passe avec ça ? Ne sait-il pas comment jouer au ping-pong ?"

Je décide d'inviter mon adversaire à servir à son tour :

"Ok Michel, vas-y, c'est à toi".

Pag s'empare de la balle, sert et l'envoie claquer directement sur ma raquette, BANG, évitant encore complètement la table. C'est là que je m'exclame:

Moi : "Aie Mike, ne sais-tu pas comment jouer au ping-pong ?"

Pag : "Ouais...mais...nous ne jouons pas au ping-pong..."

Moi : "Nous ne jouons pas au ping-pong ?!?"

Pag : "Non. Nous jouons au "Pag Pong". Table optionnelle.

Moi : Au "Pag Pong" ?!?...Héhé, OK, c'est...c'est bon à savoir. Compris, haha !"

Crédit : Scrapbook Marc Denis

Michel Pagliaro, 1990

THE NEW SAM & DAVE,

(Sam Daniels et Dave Prater),

1983, Montréal

BOBBY VEE,

1991, Sauk Rapids, MN

BILL HENDERSON (Chilliwack),

1991, Vancouver

ANNIE PELLETIER,

MC, remise des prix, Olympiques Spéciaux

2013, Pointe-Claire Qc

28

POUR "DENIS" ET "DENNY",
TOUT BAIGNE DANS L'HUILE. QUELLE JOURNÉE !

Vendredi, le 22 février 1991

- 8 h : Échange de baisers et de câlins avec ma conjointe Sandi, les enfants partent pour l'école. Je suis dans un taxi en route vers l'aéroport Montréal-Dorval pour prendre un vol d'Air Canada à destination de Toronto.

- 9 h 35 : Je monte à bord pour le vol de 10h00 afin de participer à un tournage publicitaire double, en français et en anglais, pour le compte de la compagnie d'huile à moteur Quaker State Motor Oil, pour laquelle je suis le porte-parole pour la télévision canadienne depuis quelques années.

- 11 h 45 : Je suis dans un taxi en chemin vers le Distillery District de Toronto, situé à quelques intersections au nord du bas de l'autoroute Gardiner Expressway.

- 12 h 30 : Je suis accueilli au studio du tournage par les représentants de l'agence de publicité, l'équipe de tournage et le directeur de la production. Le plateau est fin prêt. Je prends une bouchée rapide en guise de lunch à la table craft, puis, je passe au maquillage.

- 13 h 45 : Répétitions à la caméra avec le télésouffleur, en anglais et en français, pendant que l'équipe ajuste l'éclairage et effectue la vérification du son.

- 14 h 15 : Ça tourne ! On filme mes courtes séquences de porte-paroles à la caméra, je leur fais trois ou quatre prises question de sécuriser pour le produit final et voilà mes segments pour les deux nouvelles publicités télé Quaker State de langue anglaise en boîte. Une pub de trente secondes, une autre de quinze. "Quaker State, One Tough Motor Oil !"...ON IMPRIME !

- 14 h 30 : Comme un charme, Denny Doherty du groupe The Mamas and Papas, mon invité et sujet d'entrevue, arrive au studio de tournage comme nous l'avions planifié ensemble au téléphone plus tôt dans la semaine. Denny tue l'temps en lisant un livre dans le lobby, en attente de la conclusion du tournage.

- 14 h 40 : Le télésouffleur est ajusté pour montrer mes lignes de texte en français. Je livre deux ou trois prises de mes courts segments à la caméra, une petite dernière pour sécuriser et voilà pour mes portions de porte-paroles à l'écran. Deux nouveaux spots Quaker State pour la télé en français en puissance, l'un de trente secondes, l'autre de quinze secondes. "Quaker State, une huile à moteur robuste !"...ON IMPRIME !

- 15 h 15 : C'est un "wrap" comme on dit dans le jargon. Tout le monde est satisfait du tournage, nous échangeons quelques rigolades. Je signe mes contrats UDA et ACTRA et, avec mon veston Quaker State vert toujours sur le dos et mon maquillage de tournage encore collé au visage, je m'achemine sans plus tarder dans le couloir du studio vers le lobby pour aller saluer Denny Doherty et m'excuser pour tout retard. Il riposte à la blague qu'il n'a pas terminé son livre, que je dois repasser plus tard, hahaha ! Je sors ma fidèle enregistreuse portable et mon micro de mes bagages à main à proximité et l'entrevue est en cours avec le talentueux chanteur, auteur-compositeur et acteur canadien. Ses propos, ses historiettes de carrière et son humour rehausseront grandement l'émission spéciale portant sur "The Mamas and Papas" que je prévois pour une prochaine édition de mon programme de musique rétro et d'entrevues sur l'audio de bord d'Air Canada.

- 16 h : Le toujours aimable et sympathique Denny Doherty, qui s'est déplacé de sa résidence de Mississauga pour venir me rencontrer dans le "Distillery District", conclut avec moi une merveilleuse entrevue audio portant sur sa longue carrière d'acteur et de chanteur et, en particulier, de ses belles années en tant que membre des légendaires Mamas & Papas. Alors que j'enlève mon maquillage et le veston Quaker State vert que je porte toujours et pendant que je rassemble mes bagages, Denny propose de me refiler les numéros de téléphone pour communiquer directement avec les deux autres membres survivants du groupe, John Phillips à New York et Michelle Phillips en Californie *. Excellent ! Je serai en mesure d'entrer en contact avec eux pour encore plus d'anecdotes savoureuses pour mon spécial. Comblé, je le remercie et je promets de lui faire parvenir une copie de mon édition aérienne "The Mamas & Papas" ainsi que des copies aux autres une fois le show complété et diffusé. En un éclair, Denny m'envoie la main et quitte les lieux.

- 16 h 15 : Je jette un coup d'œil par la fenêtre des studios. Le même chauffeur de taxi de mon arrivée est de retour, tel que prévu auparavant. Nous quittons pour l'aéroport.

- 17 h 45 : Embarquement à bord de l'avion pour mon vol de 18 heures pour le retour à Montréal sur Air Canada.

- 19 h 30 : Je hèle un taxi aux arrivées à Dorval et nous voilà en route vers mon domicile non loin, à Pointe-Claire.

- 20 h : La porte de notre maison sur l'avenue Inglewood s'ouvre, je reçois les gros câlins de Sandi et des enfants, suivis d'une délicieuse lasagne maison et d'un verre de vin ou deux.

- Une tournée de 12 heures où *tout a baigné dans l'huile*.

La fin d'une journée parfaite. ON IMPRIME ! **

* **Notes additionnelles** ♪♪ : Grâce aux trois membres survivants, je suis en mesure d'obtenir un enregistrement de propos de la quatrième membre du quatuor, la regrettée Mama Cass Elliot et ainsi, de l'inclure présente dans le programme elle aussi. L'émission spéciale d'une heure "The Mamas and the Papas", incluant leurs plus grands succès, leurs réflexions et histoires est diffusée pendant un cycle de deux mois sur l'audio de bord d'Air Canada, sur ma chaîne rétro "Aéropop !" / "Coffee, Tea or... Pop !", en septembre et octobre 1991.

Crédits : Characters Talent Agency, Scrapbook MD

"Denny" Doherty

Collection MD, 1991

Marc "Denis"

Photo : RB/Redferns. Disques : TheMamasandthePapasOfficial.Com
**The Mamas & Papas : Cass Elliot, Denny Doherty,
Michelle Phillips, John Phillips**

** Je répéte ce même genre d'excursion multitâches productive à Toronto l'année suivante, au début de 1992. Lors d'un autre déplacement pour mettre de nouveau à jour les pubs télé de Quaker State, je réserve un entretien avec les musiciens torontois, le claviériste Paul Hoffert et le guitariste Ralph Cole. Ce sont eux qui représenteront le groupe canadien Lighthouse dans mon plan d'émission portant sur les groupes rock canadiens qui se sont le plus signalés dans les années 70, "Top Canadian Rock Bands of the 1970s"/ "Les groupes rock canadiens et québécois les plus mémorables des années 70".

1992 étant le 125e anniversaire du pays, ce contenu entièrement canadien et très à propos sera diffusé exceptionnellement pendant deux cycles plutôt qu'un pour l'occasion sur l'audio de bord des avions d'Air Canada, de juillet à octobre 1992.

GARY BARLOW (Take That),
1997, EZRock 97.3, Toronto

Pubs télé, Tournage **AIR TRANSAT** Double Shoot,
MD et Michelle Troy (fra.), MD and Dawn Ford (eng.),
2014, Ville St-Laurent Qc

ELLIS VALENTINE, "Ellie"

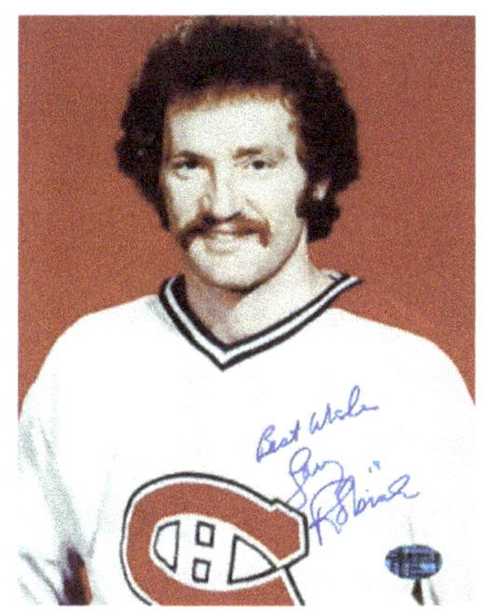

LARRY ROBINSON, "Big Bird"

Mes fameux espiègles à bras-le-corps,

1981, Montréal

Voir l'Historiette à la page 172 pour les détails

29

"CATHY'S CLOWN" IMPLIQUÉ
DANS UNE SÉRIEUSE IMPASSE !

Crédit : EVB The Mercury Years, cds et cassettes, courtoisie de
Mercury Records / Polygram, Scrapbook et la Collection EVB de MD

Phil et Don Everly

Pionniers du Rock 'n Roll, Phil et Don Everly, s'unissent
à nouveau pour des séries de spectacles dans les années
1980, 1990 et au-delà, réunis sur scène pour la première
fois depuis leur amère rupture en 1973 et de leurs années
subséquentes de querelles et d'acrimonie. Bien qu'ils
réparent les pots cassés et reprennent une certaine
relation professionnelle pour les tournées et pour
endisquer du nouveau matériel en studio, les rapports

personnels entre les deux frères peuvent encore être tendus, au mieux. Il y a beaucoup de ressentiment et de chamailleries persistantes. Tout est séparé. Les frères ont des représentants différents, un personnel de promotions différent, des comptables et des avocats différents ; ils voyagent même vers les destinations de leurs concerts dans des autobus de tournée différents, avec des assistants différents. Tout est...différent. Phil est basé à Los Angeles et Don à Nashville.

Pendant cette période, je suis toujours à l'animation et à la production de l'émission rétro bilingue "Aéropop !" / "Coffee, Tea or... Pop !" sur l'audio de bord de la flotte d'avions d'Air Canada. Je m'amuse beaucoup à créer ces programmes. Les passagers peuvent non seulement apprécier les succès de musique pop avec lesquels ils ont grandi et mis en évidence sur ma chaîne audio pendant leurs vols mais, de plus, ils ont l'avantage supplémentaire de bénéficier d'historiettes et de souvenirs de carrière livrés par les artistes emblématiques eux-mêmes, en chat relax et en conversation informelle avec votre humble serviteur, à 35,000 pieds. Et les Everly Brothers figurent sur mon radar de vol.

La dernière fois que les frères Everly donnaient un spectacle dans ma région de Montréal remonte à 1986, au parc d'attractions La Ronde mais, pour cette étape nord-américaine de leur tournée de 1992-93, Toronto est le seul arrêt canadien dans les seize dates de concerts. Ce show est prévu pour le 5 août, à l'Island Club du site bien connu, Ontario Place.

Je place un appel à leurs bureaux de gestion aux États-Unis à la mi-juillet 1992 pour faire une proposition et une demande d'entrevues avec Don et Phil lorsqu'ils seront de passage à Toronto, à Ontario Place. Les contacts que j'atteins à l'autre bout du fil me semblent ouverts, enthousiastes même à l'idée de mon projet des Everly Brothers volant sur "les ailes d'un rossignol", "On The Wings Of A Nightingale", pour ne pas citer le titre de leur célèbre chanson, le tout sur le système de divertissement audio d'Air Canada. Deux ou trois jours plus tard, je reçois le feu vert par télécopieur de leurs bureaux, confirmant les rencontres avec les deux légendes. Et il est bien spécifié que les entretiens doivent s'effectuer séparément l'un de l'autre, dans des salles ou des loges différentes pour Phil et pour Don, bien sûr. Je dois communiquer sur place avec le road manager et coordonnateur de la tournée, Dwayne Hooper, surnommé "Hooter", à Ontario Place après la vérification du son le 5 août. Je suis plus que ravi. On parle ici des Everly Brothers, toute une prise...ou deux !

Je me déplace de l'Aéroport de Montréal/Dorval vers Toronto sur un vol le matin du 5 août, un taxi me dépose dans le centre-ville sud de la Ville Reine et je m'enregistre au "check-in" pour ma chambre d'hôtel. Selon mes infos, c'est le même hôtel où réside Dion DiMucci, une autre légende du rock, et le candidat idéal pour assurer la première partie des frères Everly lors de cet ensemble de concerts. Avec la bénédiction de ses représentants de tournée, eux aussi chambrés à mon hôtel, je me branche avec le rocker pionnier Dion en début d'après-midi pour

un entretien tout à fait magique capté sur ma fidèle
enregistreuse portable, dans sa chambre quelques étages
plus haut. Wow. Dion Dimucci, le Roi du Doo-wop. Tout un
boni de voyage, certes un déplacement qui en aura valu la
peine. Cette entrevue avec celui connu tout simplement
par son mononyme de "Dion" me servira à merveille et à
part entière comme sujet infaillible pour une prochaine
émission aérienne.

Photo : Scrapbook MD

Avec Dion DiMucci

Direction Ontario Place, l'amphithéâtre extérieur qui est
partiellement couvert, sis sur les rives du Lac Ontario.
J'y arrive peu de temps après les vérifications sonores de
fin d'après-midi. Divers membres du personnel ainsi que
les roadies sont en mode fébrilité dans les coulisses, dans

Compilations, nouveaux disques et articles promo Dion disponibles
en ligne à DionDimucci.Com

**La biographie autographiée, The Wanderer-Dion's Story,
Dion DiMucci (avec David Seay), que Dion me remet lui-même**

le couloir menant à la zone de l'arrière-scène et dans le
garage. Il y a d'énormes caisses de transport d'équipement
sur roues qui sont garées partout dans la zone du garage.

Au milieu de ce chaos organisé, j'aperçois un type qui doit
sûrement être le gérant de tournée des Everly Brothers.
Il hurle des ordres, dirige le trafic, ça doit être "Hooter".
Il arbore une crinière de cheveux bouclés jusqu'aux
épaules, une barbe généreuse, des jeans, une veste de cuir
et de gros bracelets en cuir aux poignets. Il a l'aspect de

quelqu'un qui cadrerait plutôt mieux à la gérance de tournée des Allman Brothers ou des Doobie Brothers qu'à celle des Everly Brothers !

Et en ce moment, cet individu se déplace avec difficulté sur des béquilles, tirant un important plâtre complet sur une jambe. J'attire son attention et lui fais signe de s'approcher.

"Hé salut, je cherche un dénommé "Hooter"...

"C'est moi..."

"Enchanté de te rencontrer. Je suis Marc Denis d'Air Canada, division de l'audio de bord et je..."

"Ah, oui..." qu'il m'interrompt. "Écoute, j'ai des bonnes nouvelles et j'ai des mauvaises nouvelles pour toi..."

"Qu'est-ce que tu veux dire...?"

Hooter tire une carte laminée d'autour de son cou et, appuyé sur ses béquilles, il me la remet:

"Ça c'est la bonne nouvelle. Voici ton laissez-passer, ton numéro de siège est à l'endos. Et maintenant, la mauvaise nouvelle. Je ne pense pas que Phil et Don vont te recevoir..."

"Hein...quoi !? Qu'est-ce que tu veux dire par "tu ne penses pas qu'ils vont me recevoir" ?? Tiens, j'ai ici le fax de vos bureaux aux States qui atteste noir sur blanc que je suis confirmé pour une rencontre avec eux aujourd'hui...!"

"Hé mon ami, les choses changent, les emmerdes peuvent survenir, c'est la vie. C'est le onzième arrêt de leurs seize concerts pour lesquels ils sillonnent le continent cet été. Phil et Don ne rajeunissent pas, t'sais, ils sont pas mal usés par les trajets quotidiens de cette tournée et sont épuisés. Il y a eu un changement d'avis de leur part, ils m'ont indiqué qu'ils aimeraient laisser tomber ou peut-être remettre ça pour une prochaine fois..."

"Hooter, tu plaisantes ?!! Avec tout le respect que j'te dois, j'ai fait le trajet de Montréal, confirmé pour ces entrevues ici à Toronto...t'es pas sérieux, man ?!!"

Hooter riposte: "Hé, je suis le road manager, la dernière ligne de défense dans cette opération. Ils m'ont tous les deux dit plus tôt qu'ils veulent épargner leurs énergies pour ce concert de Toronto, puis se reposer et prendre la route de retour vers les States, donc, moi, je ne fais simplement que satisfaire leurs souhaits. Désolé !"

Hooter hausse les épaules, se retourne et s'éloigne en se dandinant péniblement sur ses béquilles pour aller vaquer à ses affaires.

"Désolé ? DÉSOLÉ ???"...Bien voyons ! Je suis absolument atterré. Comment est-ce possible ? Pas vrai ! Oh que non. Je n'accepterai pas cette rebuffade soudaine comme réponse, surtout pas après avoir reçu confirmation des entrevues, fait le voyage et tout le reste !

Crédit : Dwayne Hooper, Scrapbook Marc Denis

Mon laissez-passer EVB tout accès

Je vais prendre une bouchée à proximité du site Ontario Place pour tuer le temps avant le concert des Everly Brothers et pour tenter de me calmer les esprits suite à cette conversation décevante plus tôt avec Hooter. "Reste calme, demeure positif !", que je ne cesse de me répéter. "T'as un billet pour le show et une passe pour le backstage dans les coulisses, tu seras sûrement en mesure de trouver une façon de renverser la situation et de sauver la journée d'une manière ou d'une autre..."

Je trouve mon siège assigné quelques minutes avant que les lumières de l'amphithéâtre en plein air et partiellement couvert se tamisent. Il s'avère que je suis assis à quelques sièges de l'extrémité de la deuxième rangée, à quelques pas du plancher et juste à côté de la rampe qui mène au couloir dans les coulisses et à la zone de garage à l'intérieur. C'est là que les Everly Brothers, Dion DiMucci et compagnie entreront et sortiront de la scène Island Club pour leur spectacles d'Ontario Place. Tiens, intéressant quand même. Ce positionnement de siège pourrait bien fonctionner à mon avantage pour une esquive subtile dans les coulisses plus tard.

Je sonde la foule. C'est un véritable gratin de visages célèbres, dispersés ici et là. Des politiciens de premier plan, des personnalités du sport et des médias ainsi que des artistes de haut profil qui sont là pour assister à cet événement de Rock 'n Roll à caractère de royauté. En fait, mon voisin de siège de gauche est le chanteur canadien bien connu, Lawrence Gowan, et à ma droite, c'est nulle autre que l'auteure-compositeure-interprète et animatrice radiophonique Sylvia Tyson, anciennement membre du duo folk "Ian and Sylvia". Les deux sont d'humeur agréable et loquaces et nos échanges plaisants parviennent à me changer les idées pendant un moment suite à mon décevant revers auprès de Hooter plus tôt. Avant que nous ayons le temps de s'en rendre compte, les lumières s'éteignent, la scène s'illumine, les fans s'animent tous et c'est l'illustre Dion qui arrive et fournit une performance scintillante et tout à fait exceptionnelle. Portant son éternel béret, il est toujours "Monsieur Cool" après toutes ces décennies, accompagné de son band plus qu'efficace qui s'engage dans des interprétations fidèles à la note près des succès solo de "Dion" et de ceux de son époque "Dion & the Belmonts" ainsi que dans la présentation de ses remarquables nouvelles compositions. Il faut savoir que Dion n'est pas n'importe quelle première partie de show. La foule en demande encore et le champion du Doo-Wop du Bronx se conforme volontiers à quelques rappels. "The Wanderer" livre la marchandise avec brio. Suite à un bref entracte de mise, et avec la foule toujours bourdonnante, les légendaires Everly Brothers s'amènent sur scène et la foule d'Ontario Place se lève d'un seul trait. Que la magie opère...

Hit après hit, décennie après décennie de souvenirs musicaux, leurs guitares acoustiques noires identiques en bandoulière et vêtus de leurs smokings tout aussi foncés et identiques, Phil et Don livrent une performance soignée et de grande classe et reçoivent une ovation debout l'une après l'autre. Leurs harmonies vocales sont encore toujours impeccables ! Comme tous les fans présents, je suis complètement sous le charme et, par moments, ému par ces deux frères pionniers qui ont écrit plusieurs pages du livre original du Rock 'n Roll et endisqué une tranche importante de la bande sonore de nos vies. Pourtant, tout au long, je demeure inquiet et préoccupé. Comme vous pouvez l'imaginer, je suis toujours fixé sur l'obtention coûte que coûte de ces entrevues avec Phil et Don pour sauver mon spécial Everly Brothers et, il va sans dire, mes déplacements entre Montréal-Toronto et tout l'reste.

Don Everly annonce aux spectateurs qu'ils en sont à leur chanson finale. Je profite de ce signal pour me glisser discrètement de mon siège, contourner la balustrade et me diriger doucement sur la rampe dans le couloir vers les

coulisses. Vous devinerez avec qui je tombe face à face ?
Hooter. Mais Oui. Il est là seul, appuyé sur ses béquilles,
en observation de la scène à distance. Avant qu'il puisse
dire quoi que ce soit, je m'informe de sa blessure au bas
du corps.

"Hé, dis-donc, qu'est-ce qui s'est passé avec ta jambe, mon
ami ?"

"Ahh...ça, ouais, une bien vilaine chute, fractures multiples
à la jambe", répond-il. "Pas drôle, je dois gérer et
coordonner la tournée tout l'été sur la route comme ça,
sur des maudites béquilles. C'est loin d'être amusant. En
passant, les boys ne te verront toujours pas après le show,
tu sais..."

"Ouais, hé bien, maintenant que tu as soulevé le point,
écoute-moi bien Hooter et laisse-moi TE DIRE combien
cette situation décevante n'a pas été drôle ni amusante
pour MOI non plus ! PREMIÈREMENT, j'ai ici des avis de
confirmations d'entrevues d'il y a trois semaines par tes
collègues à l'agence aux States avec lesquels tout le
monde est censé être sur la même longueur d'onde.
DEUXIÈMEMENT, j'ai réservé un créneau horaire prochain
de deux mois sur le système d'audio de bord d'Air Canada
pour présenter les Everly Brothers en propos et en
musique avec moi à environ un million et demi de
passagers qui syntonisent ma chaîne aérienne là-haut à
tous les deux mois de cycle de diffusion d'une émission.
Sans mentionner que j'ai donné le signal de réserve pour
les droits d'auteurs-compositeurs et les honoraires de

performance à payer aux artistes par Air Canada via BMI et ASCAP après la diffusion de l'émission spéciale Everly Brothers. Et ENFIN, je voyage aller-retour de Montréal pour réaliser les entrevues avec Phil et Don, seulement pour qu'on m'annule tout ça à la dernière minute ?? Pas cool, mais pas cool du tout, mon ami. Demande-moi maintenant si MOI je trouve ça DRÔLE et si je M'AMUSE en c'moment !"...

Hooter réplique: "Écoute, au moment où l'on s'parle, ils ne le feront pas".

Et puis, en s'éloignant gauchement sur ses béquilles, il ajoute: "Viens me voir après les rappels".

Hé. Pourrait-il y avoir une lueur d'espoir ici ? "Reste calme, demeure positif !" que ma petite voix intérieure me répète. Du calme, allez, grands respirs...

Les rappels sont terminés, les fans sont toujours en acclamations à tout rompre lorsque Phil et Don sortent de la scène, saluent l'auditoire une dernière fois et se faufilent rapidement dans le couloir des coulisses vers les vestiaires et le garage intérieur. Ils sont entourés de leurs musiciens. Par chance, j'établis un contact visuel avec Don Everly et lui envoie la main lorsqu'il passe tout près de moi. Il acquiesce avec un sourire et un signe de tête et lui et son frère Phil se dispersent lentement vers leurs vestiaires respectifs, tout en échangeant des plaisanteries et des "high five" avec leurs musiciens exaltés. Tout le monde semble de bonne humeur et ravi du spectacle d'Ontario Place, vraisemblablement satisfaits que ce concert se soit déroulé plutôt bien.

Les assistants de la scène et les roadies suivent les directives de Hooter et s'affairent déjà à démonter les instruments et les éléments de la scène. Je suis accoudé sur l'un des grands coffres noirs d'équipements de tournée sur roues dans le garage à proximité, avec mon ensemble d'enregistrement à mes côtés.

Notre ami Hooter déambule sur béquilles tout juste devant de moi.

"Alors...nous voici après les rappels, Hooter, tel que prévu. T'as du nouveau ?"

Il ignore ma question et se dirige vers les vestiaires d'arrière-scène non loin et disparaît derrière plusieurs portes pour ce qui semble être une éternité. "Reste calme, demeure positif !", mantra que je me répète encore une fois. Finalement, Hooter revient vers moi aussi vite que ses béquilles le lui permettent et me dit:

"J'ai des bonnes nouvelles et j'ai des mauvaises nouvelles."

"Ah...là, Hooter, pas encore ça !..."

"OK. Voici le deal. Phil est claqué, sa gorge est mal en point, il ne te verra pas. D'un autre côté, Don te recevra. Dix minutes, c'est tout..."

Woh. Un développement positif ici mais, avouons-le, un Spécial Everly Brothers avec un seul des deux frères qui répond à mes questions tout au long du programme serait d'apparence un peu étrange, pour le moins qu'on puisse dire, et une recette pour ravitailler la querelle fraternelle ! Néanmoins, aussi insuffisante que soit l'offre de Hooter, je ne suis pas sur le point de refuser ce rayon de soleil qui vient de percer les nuages de ma journée. Let's go !

Hooter frappe doucement et ouvre la porte de la loge de Don. Il me présente comme étant "Marc, d'Air Canada". Et le voilà. Don Everly. Plus grand que nature, maintenant libéré de son smoking de scène et en tenue décontractée, assis sur l'une des chaises de la loge devant le miroir, le genre avec un million d'ampoules tout autour. Je le félicite pour sa performance remarquable et le remercie d'avoir accepté de me voir malgré la fatigue. Avec aucun temps à perdre, je branche mon équipement, je m'assois, j'appuie sur Enregistrer et c'est parti. Don est un peu distant au début mais au fur et à mesure que l'interview progresse, il s'ouvre de plus en plus, embarque et s'anime. J'ai l'impression qu'il apprécie vraiment le format de mes questions et le thème "causette informelle ensemble à 35,000 pieds".

Nos dix minutes se transforment en presque une demi-heure et voilà que j'enregistre de l'or pur avec Don. Alors que nous tirons à notre conclusion, et avec Hooter qui tapote avec impatience à la porte, j'exprime au frère Everly aîné à quel point je suis reconnaissant et satisfait de sa contribution mais je lui explique ma préoccupation:

"Don, voici le problème. Phil a décliné de me rencontrer, sa gorge le dérange et tout. Je comprends complètement mais...pensons-y un instant. Nous avons un Spécial Everly Brothers, nous sommes à 35,000 pieds sur Air Canada. Le passager se divertit en renouant avec vos plus grands succès et me voilà en discussion avec...un seul des deux frères. Pas de Phil. Un peu étrange, non ?"

Don : "Haha, effectivement c'est vrai, je comprends ton point. Attends. Laisse-moi aller lui parler..."

Don se lève et sort de la pièce pour prendre une courte enjambée dans le couloir jusqu'à la prochaine loge. Pendant ce temps, je suis fébrilement en train de rassembler mes papiers, mon appareil photo Nikon, d'emballer mon équipement et mes câbles et de tout bourrer pêle-mêle dans mon kit. Juste à temps. Voilà Don qui se pointe à nouveau dans sa loge pour m'annoncer:

"Phil t'attend".

Mon cœur saute un battement. Peut-être même deux. Ok...six.

"Merci infiniment Don, c'est tellement apprécié !
En passant, une fois que j'aurai terminé avec Phil, pourriez-vous être disponibles tous les deux pour une photo ensemble avec moi pour que je puisse la publier dans la revue de bord En Route d'Air Canada afin d'accompagner le spécial au visuel lorsqu'il sera programmé sur les avions ?"

"Bien sûr ! Je vais demander à Hooter de prendre quelques photos avec ta caméra. Pas de problème. En attendant, je vais finir de rassembler mes trucs".

Je sors du vestiaire de Don plus rapidement que vous pouvez dire "Bye Bye Love", pour aller cogner à la porte de Phil. Je ne sais pas ce que Don lui a dit mais je suis accueilli des plus chaleureusement par son frère Phil qui s'est maintenant changé en survêtement, avec une serviette enroulée autour du cou, de toute évidence pour apaiser ses cordes vocales irritées. Phil s'excuse de ne pas avoir sa meilleure voix en ce moment et me demande de garder l'entrevue aussi courte que possible. C'est bien compris, pas de problème, nous enregistrons ! Phil Everly entre en peu de temps lui aussi dans le jeu, le semblant selon lequel nous sommes assis côte à côte sur un vol d'Air Canada vers quelque part, en conversation informelle, entourés de passagers attentifs.

Avant qu'on le sache, dix minutes se sont transformées en vingt minutes et Phil me raconte toujours des historiettes sur ses collègues et grands amis d'époque, Buddy Holly et Roy Orbison, lorsque Hooter tape sur la porte et ouvre pour nous avertir qu'il est presque temps pour eux de quitter les lieux. Ne voulant pas trop forcer ma chance, je conclus avec Phil, je le remercie généreusement avec la promesse que j'enverrai à tout le monde une copie de mon programme une fois complété. Je me tourne vers Hooter qui me semble un peu plus détendu maintenant que le concert de Toronto est déclaré un succès et est dans le sac et qu'il a été témoin que Phil et Don ont tous les deux beaucoup apprécié ma visite après tout. Je lui demande s'il pourrait prendre quelques photos des frères et moi ensemble avec mon appareil photo avant que nous quittions les lieux. Appuyé sur ses béquilles, l'ami Dwayne "Hooter" Hooper capte plusieurs très belles prises de Phil à gauche, de Don à droite et de moi au milieu, me tenant de manière ludique comme pour caricaturer le moment "Cathy's Clown" de leur célèbre chanson.

Hooter se penche ensuite sur l'une des grosses caisses d'équipement pour saisir une paire de chandails avec l'inscription "Everly Brothers Crew" et me les lance au vol, peut-être dans un geste de réparation ou d'amende honorable de sa part pour le fil à retordre et le long mauvais quart d'heure que j'ai subis au cours de la journée.

À cela, Phil se tourne vers moi et me dit:

"T'as de la chance, Marc. Don et moi ne pouvons même pas en obtenir pour nous-mêmes de ces chandails-là !"

(Rires collectifs)

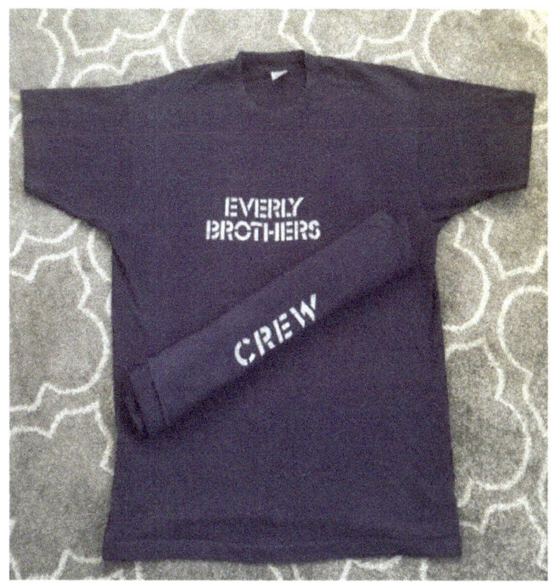

Crédit : Dwayne Hooper, Scrapbook Marc Denis

Chandails "Everly Brothers Crew Shirts", tournée de 1992-93

Je remercie mes intervenants une fois de plus et, alors que je me dirige vers la sortie arrière, je m'arrête un moment pour jeter un dernier coup d'œil en coin dans le couloir. À leur insu, je suis toujours à portée de voix. Don et Phil s'éloignent lentement vers les portes ouvertes du garage, en direction de leurs autobus de tournée respectifs en attente. Mais qu'est ce que j'aperçois ! Don marche avec son bras autour des épaules de Phil (!) Je l'entends dire d'une voix qui résonne légèrement en écho dans le garage:

"Cet entretien était plutôt amusant, n'est-ce pas ? Je ne me souviens pas depuis toutes les années d'en avoir accordé un pour des chaînes de radio dans les avions..."

Phil : "Ouais, c'était plutôt cool. Bon intervieweur aussi ce type. Bon sang qu'il a fait ses devoirs. Il m'a fait repenser des réponses que j'avais déjà souvent données à des questions tant de fois auparavant, m'a fait considérer de nouveaux angles et a même déclenché des faits et des moments oubliés..."

Wow. Double Wow. De mon point d'observation discret à distance, ces commentaires furtifs venant de deux des plus grands noms de l'histoire du Rock 'n Roll m'ont en quelque sorte mis un grand sourire aux lèvres, pour ne pas dire donné tout un élan d'énergie et de fierté, après ce qui fut une journée très éprouvante.

Don, pointant vers son autobus de tournée : "Hé Phil, j'ai là dedans un frigo plein de toutes les boissons froides dont tu pourrais désirer. Mon bus ?"

Phil, pointant vers le sien: "J'ai là dedans un grand plateau de fruits frais et de fromages et même du champagne sur glace qui attendent dans le mien..."

Don: "OK. Ton bus".

(Rires)

Et ces deux gars-là n'étaient pas censés s'entendre ?
En ce soir de 1992, ils auraient pu duper "Cathy's Clown"!

Photo : Dwayne Hooper, Scrapbook Marc Denis.
Disques et articles promo Everly Brothers disponibles sur EverlyBrothers.Com

Phil Everly, "Cathy's Clown", Don Everly

Police grab gunman in CKGM building

Police disarmed a man who fired five shots inside the offices of Montreal radio station CKGM yesterday.

"I'm still trying to make sense out of this thing," program director Robert Hall said last night.

Hall said he tried to reason with the man who burst into his office armed with a revolver.

But during a few seconds of nervous conversation, Hall said all he could get out of his visitor was an insistent request that he had something to say publicly and he wanted to get his message broadcast.

Hall said the man punctuated his words with a shot that put a hole in the wall just over his shoulder.

Growing impatient, the man then led Hall out of the office just as police, who had been called by an employee, arrived on the scene.

Police said four shots were fired in the direction of the approaching officers but all went wide of the mark. Police fired one warning shot, then rushed and disarmed the man.

The radio studio and office is located on Greene Ave., near the Westmount Square complex.

"Our main concern was that no one was hurt," said Dave Christianson, the rock station's news director. "It's hard to imagine anyone doing anything like this."

THE MONTREAL GAZETTE, May 6, 1980

TENTATIVE DE MEURTRE AVORTÉE AU POSTE CKGM

(Y.L.) — Un individu armé a semé l'émoi dans les bureaux de la station radiophonique CKGM, hier après-midi, quand il s'est présenté dans le bureau du directeur de la programmation avec l'intention d'attenter à sa vie.

Cette tentative de meurtre qui a échoué a pris des allures encore plus dramatiques au moment où les policiers accourus à la station anglophone, située au 1310 Greene, à Westmount, ont été «accueillis» par une raffale de projectiles; aucune des quatre balles n'a atteint les policiers, qui n'ont toutefois pas mis de temps à rispoter en direction du tireur fou.

Par miracle, personne n'a été blessé pendant tout ce temps. Quant au tireur souffrant, semble-t-il, de troubles psychologiques avancés, il a été conduit au poste 23 de la CUM pour interrogatoire.

Il a été impossible de connaître le nom de cet énergumène, encore moins les raisons qui l'ont poussé à commettre un tel geste qui aurait pu avoir des conséquences beaucoup plus fâcheuses.

Le sergent-détective Normand Myles, du poste 23, poursuit l'enquête relativement à cette affaire qui a bouleversé les employés de cette station MA de Montréal.

JOURNAL DE MONTRÉAL, le 6 mai, 1980

MICKY DOLENZ (Monkees),

1993, Van Nuys CA

JANN ARDEN,

1997, EZRock 97.3, Toronto

MARTHA REEVES (& Vandellas),

1991, Montréal

"BOB GRATTON", Saison 1, Épisode 13,

Marc Denis ("Danny", l'animateur "Speed Dating"),

Julien Poulin ("Bob Gratton"), pause plateau,

2007, Laval

Coanimateurs du / Co-hosts of TELETHON '86
VÉRONIQUE BÉLIVEAU, MARC DENIS
1986, CBC Montréal

Les "Frosted Flakes" de Kelloggs
Pub télé réseau en compagnie de Louise Laparé,
1988, Montréal

LUBA,

1986, Montréal

JOHN SEBASTIAN (Lovin' Spoonful)
Une apparition !
1992, Pointe-Claire Qc

EARTHA KITT,

1985, CBC Telethon, Montréal

Un projet et collaboration média avec

MUTSUMI TAKAHASHI,

2013, CTV Montréal

30

"MISSIÉ LÉNOUNE"

Une dernière historiette, mais oui ? Allons-y !

On jase...

Fin de l'été 2002 : Sandra et moi allons bientôt célébrer notre 25e anniversaire de mariage, le 27 août. Je suis à la recherche d'une façon originale pour marquer nos noces d'argent. Tiens ! Pourquoi ne pas envisager un séjour dans la célèbre suite # 1742 de l'Hôtel Reine-Élizabeth pour une nuitée ? Mais Oui ! Celle-là. La fameuse chambre d'hôtel rendue mythique par John Lennon et Yoko Ono qui y ont tenu leur illustre Bed-In pour la paix, au lit pendant une semaine à Montréal, en mai 1969. Une idée originale. Ça pourrait être pas mal cool et combien mémorable, surtout maintenant que la chambre a été rafraîchie et décorée avec des objets souvenirs authentiques du Bed-In For Peace de John & Yoko et aménagée à l'intérieur pour ressembler de très près à la pièce comme elle était en mai 1969. Aussi, le fait que cette suite est maintenant disponible au public pour des forfaits de réservations spéciales. Sandi adore l'idée.

Je fais appel à mes deux contacts dans les bureaux des communications et des relations publiques du Fairmont Hôtel Reine-Élizabeth, Mmes Joanne Papineau et Caroline Samson. La chambre 1742 serait-elle disponible pour une nuitée le 27 août ? Il s'avère que la légendaire suite en question est libre ce soir-là. Oh yeah ! En un rien de temps, Joanne nous réserve la chambre pour fêter notre journée spéciale et nous inclut le forfait du jour, soit, le package "Bed-In John & Yoko Chambre 1742" qui comprend:

Une bouteille de champagne, un panier de fleurs et de fruits, une paire de kimonos blancs, un boîtier de collection des thés "Reine-Élizabeth" préférés de John Lennon, un déjeuner "John & Yoko" à la chambre le lendemain matin composé d'œufs, bacon, rôties, de café colombien et de thé "Spanish Fly" en plus d'une affiche laminée souvenir des paroles de l'hymne à la paix "Give Peace A Chance" composé par John sur place et enregistré au lit dans la chambre et, enfin, une photo souvenir de John & Yoko prise lors de l'événement de 1969 dans ladite pièce. À tout ceci, j'ajoute à l'addition de notre célébration un souper en services multiples à l'illustre restaurant de l'hôtel, le Beaver Club, pour précéder notre "Bed-In".

Sandra et moi arrivons au Reine-Élizabeth en fin d'après-midi du 27 août pour nous enregistrer. Nous sommes tous d'humeur enjouée. La représentante Joanne Papineau nous accueille près de la réception avec un jovial "Bonjour Monsieur et Madame Lennon, bienvenue à l'Hôtel Fairmont Reine-Élizabeth !"

Son associée, Caroline Samson, s'affaire à l'assistance aux membres du personnel à la réception et nous fait signe:

"Well, well, hello Mr. and Mrs. Lennon !"

Sandi et moi jouons le jeu, nous lui levons deux doigts en "v" pour faire le signe universel de "peace" et, dans ma meilleure voix d'imitation de John Lennon, je réponds : "Hello à vous aussi, mesdames ! Yoko et moi sommes ici pour célébrer nos noces d'argent avec un Bed-In. Auriez-vous une bonne chambre pour nous ?"

Joanne : "Ha-ha-ha, bien sûr Monsieur Lennon ! Il suffit de vous avancer à la réception ici et Caroline et le personnel prendront bien soin de vous".

Nous poursuivons notre manège dans l'humour.

Caroline : "Je vois que vous avez aussi réservé un souper d'anniversaire au Beaver Club au rez-de-chaussée là-bas avant votre Bed-In à l'étage, Monsieur Lennon ? Merveilleux !"

Moi, toujours en mode accent John Lennon : "Thank you Caroline. Nous prévoyons faire de tout ça une mémorable "Balade de John et Yoko" !"

Caroline : "Ha-ha...c'est notre souhait...et, en passant, félicitations pour vos 25 ans de noces, Monsieur et Madame Lennon !"

Et elle ajoute: "Voici vos cartes magnétiques pour la chambre 1742 et votre trousse de forfait "Bed-In". Notre portier bagagiste vous aidera et vous accompagnera en haut avec vos effets et votre valise. Profitez bien de votre séjour Bed-In, M. et Mme Lennon !"

Après encore quelques autres "peace signs" de la main et d'autres rires et plaisanteries, nous nous rendons avec le jeune portier qui pousse notre chariot à bagages jusqu'à l'ascenseur et qui nous emmène à la chambre 1742.

Photo : Sandra Denis, Scrapbook MD

**Au seuil de la Suite 1742, située au fond du couloir,
Hôtel Reine Elizabeth, le 27 août, 2002**

Le dynamique portier nous installe dans la chambre, nous offre quelques explications et, après son départ avec un pourboire généreux en poche, Sandra et moi prenons un long instant pour absorber l'aura et l'atmosphère de cette pièce si majestueuse et emblématique. Quel endroit !

C'est ici que tout s'est déroulé durant la dernière semaine du mois de mai 1969. Le Beatle John Lennon en promotion et sensibilisation de la paix mondiale...au lit.

Il y a une alcôve, une salle de bains, une petite cuisine, du marbre noir et blanc, des tapis luxuriants, de chics rideaux tricolores, des luminaires en laiton, des cadres de photos du Bed-In et des souvenirs placés de manière stratégique et subtilement boulonnés aux murs et dans la chambre principale. Wow, c'est LA chambre et elle est à NOUS !

Photos : Sandra Denis, Scrapbook MD

La chambre 1742.

**À gauche, l'alcôve à l'entrée vers la salle de bain et la cuisine.
À droite, le boudoir adjacent à la chambre à coucher**

Nous ne sommes dans la chambre que depuis à peine quelques minutes, en train de faire un peu de toilette avant d'aller souper en bas au Beaver Club, lorsque Sandi remarque qu'il y a une couple d'articles qui manquent dans notre kit de forfait pour la chambre 1742. Les deux kimonos blancs "John et Yoko" ne sont pas là. Oh, je vais appeler la réception. Je compose le numéro sur l'appareil de téléphone sur le chevet du fameux lit et je n'ai même pas le temps de dire quoi que ce soit quand la voix à l'autre bout me dit:

"Oui Monsieur Lennon ?"

Hahaha ! C'est Caroline qui joue toujours le jeu. Je réponds dans mon accent britannique "Lennon" devenu de plus en plus crédible : "Hello à nouveau Caroline. C'est pour aviser qu'il semble y avoir eu une omission. Yoko et moi n'avons pas nos kimonos blancs ici..."

Caroline: "Vraiment ? Oh, je suis désolée. J'envoie quelqu'un à l'instant pour vous les apporter tout de suite, Monsieur Lennon !"

Moi : "Pas d'problème, merci Caroline, peace and love !"
(Rires)

Une dizaine de minutes plus tard, on frappe à la porte. J'y vais et j'ouvre. Là devant moi se trouve un autre porteur, un homme beaucoup plus âgé avec un accent étranger, d'outremer sans doute. Il me présente un grand sac en plastique avec les deux kimonos manquants à l'intérieur :

Porteur: "J'ai cé paqué dé kimonos por vous. S'il vous plé, signez ici Missié Lénoune..."

J'éclate de rire. Voici un autre membre du personnel de l'hôtel qui joue le jeu. C'est hilarant !

Moi: "Bien, je ne suis pas Monsieur Lennon, hah, je n'ai seulement que loué la chambre ici où le célèbre Bed-In a eu lieu et j'..."

Porteur : "Non, non-non ! Ça dit jouste ici: Livrer à la chambre nouméro "Diss...sét...quaranté et do"...à Missié Lénoune". S'il vous plé, signez ici, Missié Lénoune..."

Moi : "Euh...haha, mais non, non, je suis Monsieur Denis, Marc Denis, je ne suis pas Monsieur Lennon, je ne peux signer ce nom. Ma conjointe et moi, nous avons réservé cette chambre célèbre ici simplement pour notre anniv..."

Porteur, interrompt de nouveau : "Nohh...noh, noh. J'ai lé bonne nouméro ! Jé régarde lé chiffres sour la porte. C'est marqué "17-42" jouste là, vous voyez ? Dis...sét...quaranté et do. C'est vous ça ! Signez ici, Missié Lénoune..."

Je me rends compte que ce porteur un peu plus âgé, fort probablement un récent arrivant au pays, ne fait que suivre les directives d'une certaine espiègle en bas à la réception et que le monsieur n'est évidemment pas encore ou même pas du tout au courant de l'historique et de l'importance de la chambre où il livre son paquet. Je cède finalement et signe son presse-papiers de livraison

"*J. Lennon*"...

...avant de donner à notre ami le porteur serviable un généreux pourboire. Le monsieur, ravi et tout sourire:

"Ohhh, oh, messie beaucoup, Missié Lénoune, et boune soirée !", puis, il vire les talons et s'éloigne dans le couloir.

Inutile de dire que Sandi et moi rigolons de cette affaire à gorge déployée, tout en terminant nos flûtes de mousseux dans la chambre 1742.

Quelques instants plus tard, nous sommes dans la cage d'ascenseur en direction du rez-de-chaussée pour nous rendre au Beaver Club pour notre souper d'anniversaire. Il y a beaucoup de clients qui s'enregistrent à la réception à ce moment-ci mais, pourtant, voilà notre amie Caroline qui nous repère à nouveau et nous fait signe derrière le comptoir, avec la tête du chat qui aurait bouffé le canari:

Caroline : "Avez-vous reçu vos kimonos, M. Lennon ?"

Moi: "Mais..oui ! Et, euh...vous mes amis de la réception n'avez eu rien à voir avec la livraison spéciale, Caroline...?"

Caroline : "Nous ? Mais..non...euh, bon souper, Monsieur et Madame Lennon !"

Et Joanne Papineau, sortant la tête du bureau à côté de la réception, nous lance...

"Et passez un Bed-In d'anniversaire encore meilleur, vous les deux Lennon !"

Et un parfait 25 ième anniversaire de noces d'argent ce fut à l'hôtel Fairmont Reine Élizabeth. Un copieux et délicieux repas avec toutes les attentions du maître-d' Serge et de son équipe au Beaver Club, suivi de la nuitée à la chambre 1742 * par la suite.

Un 27 août, 2002 mémorable à tout jamais. Loin des enfants pendant près de 24 heures, les "Lénoune" ont connu le calme...et la paix !

Serge, le Maître D du Beaver Club

Souper de 25 ième au Beaver Club de l'Hôtel Reine Elizabeth

Crédits photos : La femme de chambre, Marc et Sandra Denis

**La chambre 1742 : Le "Bed-In Marc et Sandi" 2002,
pour le calme...et la paix !**

* **Notes additionnelles** ♪♪ : La chambre 1742 et les suites adjacentes 1740 et 1738 subissent plus tard une autre cure de rajeunissement plus élaborée lors des années 2016 et 2017, les rénos achevées à temps pour le Soixantième anniversaire de l'hôtel en 2018 et pour le Cinquantième anniversaire de l'événement du Bed-In Lennon-Ono, en 2019. Les lieux emblématiques sont alors disponibles avec encore davantage de souvenirs et d'objets originaux et fonctionnels de 1969, conservés et rétablis. Particulièrement envoûtante est l'expérience de film de réalité virtuelle diffusé à travers des casques et des webcams à 360°, permettant aux visiteurs de revivre les moments de 1969 étendus au lit avec une précision étonnante et à l'effet spectaculaire.

Par l'ironie du sort et dans une autre histoire en soi, l'Hôtel Fairmont Reine-Élizabeth et leurs partenaires de prod multimédia recrutent mes services pour ce refresh 2.0. Je suis le narrateur bilingue de l'une des présentations historiques jouant dans l'un des 12 tiroirs interactifs du cabinet d'archives inspiré par John Lennon et Yoko Ono dans la suite adjacente, la chambre 1740. Je fournis aussi des photos et de l'audio d'époque exclusifs provenant de mon Archive 1470 CFOX Mtl en ligne. Ce sont les aveux de deux collègues de cette station de l'époque, Roger Scott et Charles P. Rodney Chandler, que l'on peut écouter dans un autre de ces tiroirs interactifs. Scott et Chandler sont les deux personnalités de la radio de CFOX qui est la seule station montréalaise à acquérir les droits de diffuser en direct depuis la chambre toute la semaine, fin mai 1969.

Photo Source : MD' 1470 CFOX Mtl Radio Archive

Chandler et Scott, Suite 1742, 1969

Source photo : Northern Songs, Music Sales, London W1, Sheet # 18129

**Les feuilles de partitions de "Give Peace A Chance",
l'un de nos cadeaux, gracieuseté de l'Hôtel Reine E, 2002**

Dans la nouvelle mise à jour de la suite adjacente # 1740, les invités ou les visiteurs peuvent ouvrir cette porte de tiroir et appuyer sur le bouton de gauche pour entendre, comme par magie, Roger Scott qui relate ses diffusions et ses interactions avec John Lennon et ses invités de marque sur les ondes. Appuyez sur le bouton de droite et vous pouvez écouter Charles P. Rodney Chandler qui raconte les meilleurs souvenirs de son expérience tourbillonnante de l'époque dans la pièce et de ses conversations lui aussi avec John et Yoko au pied du lit.

C'est follement cool et un travail de passion pour votre humble serviteur.

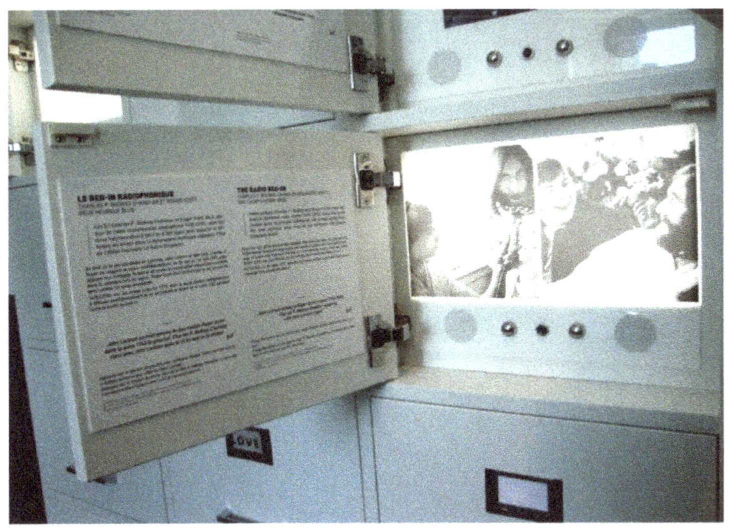

Photo : Marc Denis

**CFOX, the Radio Bed-In Remembered,
Le "Bed-In" radiophonique en souvenirs, 2019**

Fait intéressant à noter. Une quinzaine d'années plus tard, quelle agréable surprise aux conférences de presse du Soixantième anniversaire de l'hôtel fraîchement rénové, en 2018, et du Cinquantième anniversaire du Bed-In Lennon-Ono, en 2019, d'être accueilli par nulle autre que...Joanne Papineau !

Mme Papineau, toujours là, aux commandes des relations publiques de l'hôtel, mais oui ! Quelle continuation, quelle belle carrière.

Et tout comme lors de notre réservation d'anniversaire de mariage en 2002, la chambre 1742 et ses suites adjacentes (mode 2.0) peuvent être à nouveau visitées sur demande au préalable ou encore réservées pendant ces années de célébrations pour un séjour Bed-In privé d'une nuit.

Au moment où vous lisez ces lignes, est-ce que ceci est toujours possible ? Si jamais vous communiquez avec l'hôtel pour vous informer, demandez à parler à Mme Joanne Papineau.

Si jamais elle n'est pas à la retraite et qu'elle est toujours en poste, dites-lui simplement que c'est "Missié Lénoune" qui vous envoie !

FATS DOMINO,

1969, Montréal

Reportages **Musicfest Miller** Reporting,

avec **Glass Tiger**, **The Box**,

Frank Marino, **Robert Charlebois**,

CFCF 12 (CTV), 1986, Montréal

FLASHBACK ! , 1980-1983,
Marc Denis (clavier), Gerry Dixon (guitare),
Bob Russell (drums), Mike Williams (basse)
1982, "Chez Gerry", Vaudreuil-Dorion Qc

THE BASEMENT BAND, 1985-1988,
Jim Boyce (vocal), Tim Hewlings (guit. lead.),
Rej Fecteau (basse), Gerry Dixon (g. rythme),
André Leblanc (claviers), Marc Denis (drums)
1988, Montréal (Studios Son Québec)

L'été de toute une vie,

EXPO, Montréal, 1967

Les enfants,

PHILIPPE, PAUL, CAROLYNE,

1990, Pointe-Claire, Qc

CLAIRE & CJ DENIS

MARC & SANDI

REMERCIEMENTS

Toute notre gratitude envers les collaborateurs et collaboratrices aux pages Hommage à CKGM Tribute Pages et à l'Archive CFOX Mtl Radio Archive en ligne chez nous au MARC DENIS.COM, pour le partage de leurs précieux souvenirs radiophoniques complémentaires à nos mémentos et scrapbooks personnels de carrière et de vie.

Remerciements aussi aux commanditaires et aux marques de commerce qui m'ont choisi pour représenter leurs produits ou services à la télévision et la radio au fil des décennies, ces derniers salués dans nos pages, soit, Advil, Air Transat, Canadian Tire, Esso, General Motors, Kelloggs, la Brasserie Molson, les Huiles à moteur Quaker State et nos amis.ies de l'Hôtel Reine Elizabeth de Montréal. Merci pour la belle et heureuse complicité.

Une mention d'appréciation également envers Air Canada et ses fournisseurs de programmation lors des années 80 et 90 qui m'ont pris "sous leur aile", particulièrement à M. Craig Cutler qui m'a recruté initialement, lançant ainsi mes nombreuses années à l'antenne aérienne.

C'est grâce à eux que j'ai pu véhiculer et divertir des millions de passagers en transit à travers le pays et le monde avec mes émissions de musique et d'entrevues, depuis leur système d'audio de bord.

CRÉDITS

Microphone Shure 55 et toile de fond recto verso de la
couverture du livre : Bet_Noire.

Concept recto/verso/dos : Marc Denis

Photo de la Résidence de soins palliatifs Teresa Dellar :
residencesoinspalliatifs.ca

Photos "Marc Denis" couverture/intro : Tim Snow

Jouets téléphone et micro : Les jouets Fisher-Price Toys

Photo couleur "Le petit Marco philanthrope", 1955 :
Scrapbook et Collection MD

Photo de promotion "April Wine" : Les disques Capitol
Records / Aquarius / EMI

Disques et articles promo "April Wine" disponibles en ligne
à AprilWine.Ca

"Brian Greenway" sur scène : April Wine.Ca

Photo "Marc Denis/Brian Greenway" 2018 :
Geoff Smith, Collection MD

"Roger Scott avec John Lennon", Ch. 1742:
Graham & Jamie Scott @ Roger Scott Collection

"Roger Scott en diffusion à distance", Expo '67 :
Pot Mag, Ralph Lucas & Ed Pickgersgill, 1967

Photos 45 tours "Penny Lane/Strawberry Fields Forever" -
5810, X 45871 - X45870 : Collection MD

Disques et articles promo "Beatles" disponibles en ligne à
Beatles.Com

Photo "Dean Hagopian" : Marc Denis' 1470 CFOX Mtl
Radio Archive, Good Guys Gold, Vol. 1

Microphone RCA 44BX - CFOX Mtl restoré :
Contribution du collectionneur Howard Schwartz

"Roger Scott au mic CFOX" : Marc Denis' 1470 CFOX Mtl
Radio Archive, Good Guys Gold, Vol. 2

Photos "Roger Scott /Marc Denis @ Capital Radio" :
Gerry Dixon, Collection MD

"Roger Scott Music Power 70-80" : Capital Radio, Londres

Photo couleur "Paul Revere & The Raiders", 1960 :
Paul Revere & the Raiders Facebook Page.

Paul Revere & Raiders, 45 tours "Kicks", disques Columbia,
4-43556 : Collection Discogs

"MC Roger Scott CFOX avec Mark Lindsay des Raiders",
CFOX BEAT Mag, automne-hiver 67-68

Disques "Paul Revere & Raiders" disponibles sur étiquettes
Columbia/CBS Records/Sony

"Charles P. Rodney Chandler au micro CFOX" :
Marc Denis' 1470 CFOX Mtl Radio Archive

Photo souvenir "Renault Dauphine", années 1960 :
Artcurial

"Édifice CFOX sur Hymus, 1969" : Juul Geleick @ MD' 1470
CFOX Mtl Radio Archive

Photo en noir et blanc "Gord Sinclair": Thompson Studios

"Campus du Collège Bourget" : l'Association des Anciens et
Anciennes du Collège Bourget, Rigaud (Photographie
Aérienne Mario Faubert Arial Photography, Air Photo Max)

Photo "Porte CFOX Charlie Fox bleue" :
Marc Denis' 1470 CFOX Montreal Radio Archive

Photo couleur "Yvan Cournoyer" : SportFever.Com

Photo en noir et blanc "Esquire Show Bar, 1969" :
George Bird @ Montreal Star Collection

Photo en noir et blanc "Lobby Ross Memorial" :
Les Archives de la Ville de Montréal

Photo en noir et blanc "Fats Domino au piano" :
20th Century Fox / Rex Shutterstock

Disques et articles promo "Fats Domino" disponibles en
ligne à FatsDominoOfficial.Com

Photo en noir et blanc "Louis Lebeau, CJRC, 1973" :
Les Ondes Neurophiles

Photo en noir et blanc "Marc Denis', CKCH, 1973" :
Scrapbook MD

Photos "Bouteilles Molson Export (grosses)" :
La Brasserie Molson, Domaine Public

Photos "Bouteilles Molson Export (petites)" :
La Brasserie Molson, Domaine Public

Photo couleur "Louis Lebeau à CFOM, années 2000" :
Dan Beaumont Archives

Photo n&b "Geoff Stirling" : In Search Of A New Age.Com

Photo en noir et blanc "Mais Oui/Ralphie, 1974-75" :
Pages Hommage à CKGM de MD

Photo couleur "Mais Oui/Ralphie, 2014" : Sandra Denis,
Collection Marc Denis

Photo en noir et blanc "Marc Denis/Gorille" :
Danny Hughes, Scrapbook MD

Photo en noir et blanc "Steve Shannon au micro CKGM" :
The Walt Disney Co.

Photo en noir et blanc "Marc Denis/ Chapeau Gangster",
1976 : Raymond Bouchard

Épinglette promo "Mais Oui à/on CKGM" :
Les Pages Hommage à CKGM Tribute de MD

Image "Scary Pumpkin" vector : Freepik.Com

Accréditation "Marc Denis COJO '76" : Scrapbook MD

Photo couleur "Kelly Ricard/Marc Denis/Nadia Comaneci",
1976 : Scrapbook Marc Denis

Épinglettes "Comité olympique et drapeau roumains",
1976 : Collection Marc Denis, Collection Kelly Ricard

Épinglettes "Canada", "Québec", "Ville de Montréal" :
Domaine Public, Collection MD, Collection KR

Pose "Nadia Comaneci , 1976" : COJO 76, Scrapbook MD

Couverture de l'album Frank Zappa "Hot Rats", 1969 :
Les disques Bizarre/Reprise Records

Compilations de disques anniversaires "Zappa Records"
disponibles en ligne à Zappa.Com

Photo en noir et blanc "Frank Zappa" :
Les tapisseries Wallha Wallpapers à Wallha.Com

Photo couleur "Doug Risebrough" : NHL Auctions.Com

Photos couleur "MD Superhéros/Salle de bal Windsor",
1979 : Danny Hughes, Collection MD

Photos couleur "Piste de danse/galerie supérieure
Windsor", 1979 : Danny Hughes, Collection MD

Photo "Westmount High School", page "Kamala Harris" :
Allen McInnis / Montreal Gazette

Photo en noir et blanc, "Bloc appart avec bannières
Oui/Non, 1980" : Sutori / Michelle Chiu

Auto-collant "FM 96 Mtl" : Standard Broadcasting Mtl

La Double Vie, Marc Denis FM 96 : Sunday Express Mtl
Andy Nulman, 02-11-80

Photo couleur "Ellis Valentine" : Galerie des Expos @ TCDB

Photo couleur "Larry Robinson" : Pristine Auction.Com

Photos en noir et blanc "Buddy Gee-George Morris" :
Les Archives Listen Audio Archives

Bannière MD Reeling In The Years Mix 96 : Scrapbook MD

Photo couleur "Lee et Chas avec MD à Abbey Road", 1983 :
Gerry Dixon, Collection MD

Photo couleur "Portail d'entrée Abbey Road", 1983 :
Marc Denis, Collection MD

Photos couleur "Orgue/Piano/Studio 2/Abbey Rd", 1983 :
Marc Denis, Gerry Dixon

Photo couleur "Fab Faux sur passage piétonnier zébré",
1983 : Touriste/passant, Collection MD

La webcam en direct "Abbey Road Live Crossing" webcam
disponible pour visionnement 24/7 à AbbeyRoad.Com

Pochette "Abbey Road, 1969" : photo de Iain Macmillan,
design de John Kosh, Beatles.com, les disques Apple,
Parlophone, EMI

Photo couleur "Dade County Auditorium" :
Miami Dade Dept. of Cultural Affairs, City Seeker

Photo en noir et blanc "Jay Black" : Club Bene

Disques "Jay & the Americans" disponibles sur étiquettes
Liberty Records/UA/Capitol/EMI

Photo promo en noir et blanc "Miami Sound Machine" :
Sam Emmerson / Epic Records

Photo couleur "Marc Denis-Jay Black", 1983 : Coll. MD

Photo couleur "Emilio Estefan/Marc Denis/Gloria Estefan",
1986 : Collection MD

Photo Miami Sound Machine "Conga", pochette single LE :
Epic Records, EPCA 6361, # 01-006361-1

Disques "Gloria Estefan/Miami Sound Machine" dispo. sur
Epic Records/CBS/Sony

Disques et merch. "Gloria Estefan" : GloriaEstefan.Com

Photo couleur "Marc Denis aux Studios NBC, 1984" :
Sandra Denis, Collection Marc Denis

Photo de la "Console master CKOI, 1984" : Claude Hébert

Photos en noir et blanc "Boy George/Marc Denis, 1984" :
Guy Brouillard, Pierre St-Georges

Photo couleur "Bâtisse CKOI' sur rue Gordon à Verdun" :
Vanishing Montreal.Com

Pochette de disque "Culture Club Colour By Numbers" :
Virgin Records, 1983-84, Collection MD

Disques "Culture Club" disponibles sur étiquettes
Virgin/Polygram Distribution/EMI Records

Pamphlet et épinglette "Musicfest Miller, 1986" :
Collection MD

Photo "Robert Charlebois/Marc Denis, 1986" : Coll. MD

Disques et merch. "Charlebois" : RobertCharlebois.Com

Photo "James Brown/Marc Denis, 1986" : Collection MD

Disques et merch. "James Brown" : JamesBrown.Com

Pochette LP "Paul McCartney-Flowers In The Dirt" :
Capitol Records, MPL, 1989, Collection MD

Pochette cassette "Paul McCartney-My Brave Face" :
Capitol Tapes, MPL, 1989, Collection MD

Photo programme "Paul McCartney/Hofner bass" :
Capitol Records, MPL, 1989, Collection MD

Photo promo autographiée par "Paul McCartney" :
Capitol Records, MPL, 1989, Collection MD

Photo "Frankie Valli/Marc Denis, 1989" : Collection MD

Disques et articles promo "Frankie Valli" disponibles en
ligne à FrankieValliFourSeasons.Com

Photo en noir et blanc "Michel Pagliaro avec lunettes fumées" : Stephend Pagliaro

Photo autographiée "Michel Pagliaro" : Collection MD

Disques et articles "Michel Pagliaro" : Pagliaro.Ca

Photo couleur "Marc Denis porte-paroles télé/radio Quaker State, 1991" : Collection MD

Photo promo en noir et blanc "Denny Doherty, 1991" : Characters Talent Agency

Photo promo couleur "Mamas & Papas, années 1960" : RB/Redferns

Disques et articles promo "Mamas & Papas" disponibles à TheMamas&thePapasOfficial.Com

Photo de biographie autographiée "The Wanderer-Dion's Story, 1992" : courtoisie de Dion DiMucci

Disques et articles "Dion" : DionDimucci.Com

Photos CD/cassettes "Everly Brothers-The Mercury Years" : Mercury/Polygram, Collection EVB de MD

Disques et articles "Everly Brothers" : EverlyBrothers.Com

Laissez-passer "Everly Brothers All Access Pass 1992-93" : Dwayne Hooper, Collection Marc Denis

Chandails "Everly Brothers Crew Shirts" : Dwayne Hooper. Photo : Collection Marc Denis

Photo souvenir "Phil Everly/ MD /Don Everly, 1992" :
courtoisie de Dwayne Hooper, Collection Marc Denis

Photo "Au seuil de la Chambre 1742, 2002" : Sandra Denis,
Collection Marc Denis

Photo "Alcôve et boudoir de la Chambre 1742, 2002" :
Sandra Denis, Collection Marc Denis

Photos "Intérieur de Chambre 1742, Beaver Club, 2002" :
Sandra Denis, Maître d' Serge, la Femme de ménage 1742

Photo "Chandler/Scott au mic" : MD' CFOX Mtl Archive

Partitions "Give Peace A Chance" : Northern Songs, Reine E

Photo couleur "CFOX cabinet, 2017" : Marc Denis

Toute notre gratitude pour la photographie, envers :

Tim Snow, Geoff Smith, Howard Schwartz, Artcurial, Juul
Geleick, Thompson Studios, Mario Faubert, George Bird,
Dan Beaumont, Raymond Bouchard, Steve Jermyn, Danny
Hughes, Allen McInnis, Joyce Pillarella, Gerry Dixon, Sam
Emmerson, Claude Hébert, Guy Brouillard, Pierre "Bill"
St-Georges, Stephend Pagliaro, Dwayne "Hooter" Hooper,
Sandra Denis, Serge le Maître d'hôtel du Beaver Club, la
femme de ménage du 1742 au Reine Elizabeth et...

...merci à ces touristes hilarants armés de leurs appareils
photo (et du mien !) sur la traverse piétonnière, ainsi
qu'aux automobilistes londoniens plus que patients, à
Abbey Road cette Fab journée-là de 1983 !

♪ And in the END, the love you take
is equal to the love you make ♪ (Lennon-McCartney)